PURE 순전한 NARD

PURE  NARD

The APOSTOLIC Ministry

사도적 사역

RICK JOYNER

The Apostolic Ministry
by Rick Joyner

Copyright ⓒ 2004 by Morningstar Fellowship Church

Published by Morningstar Publications, Inc
A Division of Morningstar Fellowship Church
P.O Box 440, wilkesboro.NC 28697

Korean Translation Copyright ⓒ 2005 by Pure Nard
2F 774-31, Yeoksam 2dong, Gangnam-gu, Seoul, Korea
The Korean edition is published
by arrangement with Morningstar Fellowship Church.
All rights reserved.

본 제작물의 한국어판 저작권은 Morningstar Fellowship Church와의
독점 계약으로 한국어판권은 '순전한 나드'가 소유합니다.
저작권자의 허락 없이 이 책의 일부 또는 전체를 무단 복제,
전재, 발췌하면 저작권법에 의해 처벌을 받습니다.

사도적 사역

지 은 이 | 릭 조이너
옮 긴 이 | 곽정남
초판발행 | 2005년 8월 13일
개정판5쇄 | 2012년 3월 10일
펴 낸 이 | 허 철
펴 낸 곳 | 도서출판 순전한 나드
주   소 | 서울 강남구 역삼2동 774-31 2층
등록번호 | 제2010-000128
도서문의 | 02)574-6702 / 010-6214-9129
           Fax. 02) 574-9704
홈페이지 | www.purenard.co.kr
인 쇄 소 | 예원프린팅

Printed in Korea

ISBN 89-91455-19-0 03230

The Apostolic Ministry
사도적 사역

릭 조이너

PURE NARD

목차

서문		8
Chapter 1	지구상에서 가장 강력한 힘	28
Chapter 2	영광스러운 마지막 과제	45
Chapter 3	어떻게 우리는 그곳에 도달할 수 있는가?	59
Chapter 4	가장 위대한 지상명령	68
Chapter 5	사도들의 기초	84

Chapter 6	사도의 수고와 고난	102
Chapter 7	유대인의 뿌리와 이방인의 가지들	118
Chapter 8	초대교회의 행정	141
Chapter 9	박해와 인내	168
Chapter 10	사도행전을 넘어서	187

서문

　　마지막 시대에 교회에 나타날 가장 중요한 사건 중의 하나는 교회에 사도적 사역이 회복되는 사건이 될 것이다. 지금까지 교회의 역사 속에서 있었던 일반적이며 우리에게 익숙하던 사역들은 문을 닫게 될 것이다. 성령의 역사 안에 강력한 힘으로 일어나는 교회들이 나타나게 될 것이고, 그 교회들은 모든 시대와 모든세계에 진리가 거짓을 정복하고 정의가 불법을 정복할 것을 나타내 보이며 사도적 사역의 임무를 이땅에서 완수하게 될 것이다.

　　사탄은 아담으로 인한 인간의 원죄 후에 이제까지 자신의 힘을 과시하며 인간을 지배하고 조정하여 왔다. 인간은 하나님의 모습으로 하나님이 특별히 창조하였지만 하나님의 공의 보다는 악을 더욱 좋아하게 되었다. 사탄은 감히 하나님이 창조한 하나님의 백성들이 하나님보다는 자기를 기꺼이 섬길 것이라고 큰소리 치고 있다. 사탄은 하나님이 사람을 완벽한 장소에서 완전한 조건으로 만들었지만, 사람들은 그곳에서 하나님께 복종하기보다는 죄와 죽음을 택하였다고 떠들고 있다. 이 마지막 시대에 교회는 이러한 사탄의 교만이 여지없이 무너짐을 증거 할 것이다.

이 마지막 시대에 교회는 가장 어두운 시대 속 완전하지 않은 환경에서 살게 될 것이다. 그러나 이 암흑의 시대에 교회는 사탄의 유혹과 도전에 과감히 일어나 대적할 것이며 불법에 반대하며 공의를 택할 것이다. 그리고 교회의 진리는 반드시 승리한다는 말씀을 붙들고 그 말씀의 증인으로 우뚝 설 것이다. 이러한 이유 때문에 천군 천사들도 하나님께 신실한 교회와 성도들이 영원히 하나님의 어린 양과 함께 이 세상을 통치하는 것이 참으로 합당하다고 외칠 것이다. 이것은 우리의 소망이며 목표이다. 우리는 주님의 길을 영화롭게 하고 악을 이기는 그의 선하신 능력을 증거하는 삶을 사는 것이다.

한 도시가 전쟁이나 자연적인 재해로 폐허가 되어 다시 건축을 할 때 그 도시는 그전 보다 훌륭하고 아름답게 건축된다. 하나님이 인간을 만드셨을 때 부여한 하나님의 본성이 거의 완전히 파괴되어 조각나 버렸지만 이는 다시 지어질 것이다. 하나님께서 하시는 주된 일은 속죄와 회복이다. 교회는 바로 이러한 과정속에 하나님의 은혜와 능력과 본성안에 자라가는 사람들로 이루어진 것이다.

어떻든지 간에 교회가 사도적 사역을 회복하지 않고는 이러한 하나님의 소명을 이룰 수 없고 감당할 수 없다. 교회의 어떤 다른 사역도 충만한 분량으로 성숙 되거나 그 충만한 목적을 성취할 수 없다. 그러나 우리는 이 사도적 사역이 교회 안에서 다른 사역적 준비가 동반 되지 않으면 결코 성공을 거둘 수 없음을 명심해야한다. 그 교회가 준비해야할 다른 사역적 준비 요소들을 에베소서 4장 11절-13절에 바울이 이야기하고 있다.

그가 혹은 사도로, 혹은 선지자로, 혹은 복음 전하는 자로, 혹은 목사와 교사로 주셨으니 이는 성도를 온전케 하며 봉사의 일을 하게 하며 그리스도의 몸을 세우려 하심이라 우리가 다 하나님의 아들을 믿는 것과 아는 일에 하나가 되어 온전한 사람을 이루어 그리스도의 장성한 분량이 충만한 데까지 이르리니 (엡 4:11-13)

사도바울은 여기에서 분명하게 첫째 우리가 다 하나님의 아들을 믿는 것에 하나가 되고, 둘째 하나님의 아들을 아는 일에 하나가 되고, 셋째 온전한 사람이 되고, 넷째 그리스도의 장성한 분량이 충만한데 이르는데까지 교회에 주어진 다섯가지 사역을 말하고 있다. 지상에 있는 교회 중에 이러한 자격을 갖춘 교회를 본적이 있는가? 만약 이것이 교회에 의하여 이루어졌다면 우리는 반드시 이러한 교회의 소식을 들었을 것이다. 그러므로 우리는 반드시 교회에 주어진 이러한 사역 모두가 여전히 필요함이 명백하다.

이것은 전혀 새로운 계시가 아니다. 지난 20여년 동안에 가장 급성장한 교회를 살펴보면 모두 이러한 새로운 사도적 교회로 변화하면서 이 운동을 일으키고 있는 교회들이며, 사람들은 이러한 교회를 사도적 교회라고 부르고 있다. 이러한 일에 선봉에 나서고 있는 교회들은 물론 순복음적 오순절 교회와 강한 영성교회들이 주류를 이루고 있지만, 많은 복음주의 교단의 교회들이 이 사도적 교회운동에 동참하고 있다. 그리고 가끔은 전통적 교단의 교회 가운데 일부의 교회가 이 운동에 관심을 갖고 눈을 돌리고 있다. 그러나 분명한 것이 이 새로운 운동은 하나님에 의하여 인도되고 있으며, 분명하게 새롭게 영적인 에너지를 교회에 공급하고 있으며, 이는 21세기의 교회생활이 하나님께서 의도하셨던 대로 될 수 있도록 하고 있다.

 우리가 이러한 오중 사역에 대한 진리를 소유하는 것이 매우 중요하다. 이 하나님의 진리를 소유하는 일은 교회에 축복을 가져오며 성장을 가져 오지만 과거에 있었던 모든 부흥운동과 마찬가지로 이는 충돌, 시행착오, 실수들을 동반하게 될 것이다.

 그러나 이러한 제약들이 우리를 사도적 사역에 들어가는 것을 막지는 못한다. 사도 베드로처럼, 이러한 사역들은 믿음을 가지고 배 밖으로 나가도록 용기를 얻어 물위를 걷기 시작하지만 몇가지 실수에 빠져 버리는 일이 생길 것이다. 그러나 성경이나 초기 기독교사를 살펴볼때 하나님과 동행하며 하늘의 일을 수행하는 사람들은 실수를 두려워하지 않았다. 그러나 그들이 잘못을 하고도 잘못함을 깨닫지 못한 사람들은 더욱 어려운 비극적 종말을 맞이하는 것을 보았다.

 우리가 새로운 사도적 사역을 수행하기 위해서는 믿음과 용기를 가지고 계속 전진하는 가운데 불필요한 문제들을 야기 시키는 것들에 대한 가르침과 훈련도 시행하는 지혜와 겸손이 필요하다. 그러나 이 책은 현재 일어나고 있는 사도적 운동을 점검하기 위하여 쓰여진 것이 아니다.

 그 보다 이 책은 사도적 사역의 정의를 내리는 데 도움을 주며, 무엇이 사역의 진정한 열매인가를 알려준다. 그리고 사도적 열매를 통하여 사역의 진리와 사도의 의미 그리고 교회생활의 참모습을 보기 위함이다.

 교회사적 역사로 조명하여 보면 1세기 후부터 교회에 주어진 오중 사역 모두가 서서히 그러나 보편적으로 교회생활 속에서 사라지게 되었다. 내가 여기에서 보편적이라고 말하는 것은 그 사역들의 이름을 똑같이 부르지는 않았어도 많은 영적능력을 가진 사역자들이 그 후 몇 세기 동안 이러한 사역들을 지속하였기 때문이다. 또한 교회사를 회고해 보면 소수의 학자들이 그 후에도 계속적으로 높은 수준의 영력을 유지하면서 교회 안에 오중 사역을 지속한 기록이 있다. 그러나 그들의 대부분은 교회의 엄격한 제한과 박해하에 있었다. 그러므로 이러한 숨겨진 사도적 사역을 다시 발굴해 낸다는 것은 매우 의미 있는 일이다. 그리고 그 오중 사역은 이제 우리에게 분명한 그림으로 나타날 것이며 다가오는 새천년의 시대에 교회의 일반 사역에 새 영역을 열어줄 것이다.

14세기에 종교개혁이 시작되었을 때 우리는 우리가 교회에서 잃어버렸던 이 중요한 사역들이 서서히 회복되는 것을 보았다. 나는 개인적으로 이 종교 개혁적 사역의 시작을 존허스의 사역으로 보고 있다. 교회에 의해 인식되는 것이 희미해 지고 결국 잃어버린 첫번째 사역은 사도 사역이었다.

이제 이러한 사역들의 나머지가 회복되어질 것이 분명하다. 그리고 교회 시대 동안 최단 기간에 그 본래의 목적을 달성 하도록 만들어 질 것이다. 1세기 사도적 교회들이 강력한 힘을 갖고서 이제까지의 기독교사의 어떤 세대보다 더 많이 복음을 전파하였듯이, 이제 마지막 시대에 사도적 교회들이야 말로 교회를 갱신하며 다시 한 번 하나님의 진리와 능력으로 전 세계를 뒤흔들게 될 것이다.

다른 사역들과 마찬가지로 많은 기독교인들이 사도적 사역에 대한 관심이 일어나고 있는 것은 크게 고무되는 사실이지만 아직까지도 우리에게 진정한 사도적 사역이 회복되는 일은 먼 여정이 되고 있음이 현실이다. 아직까지도 교회에 예언적 사역이 완전히 회복되지 않은 것이 우리의 현실인 것처럼 이 사도적 사역도 역시 미성숙의 단계를 가고 있다. 어쩌면 우리의 모든 사역들이 이처럼 초기단계를 걷고 있다고 해도 과언은 아니다.

　오늘날 목사와 교사와 전도자들의 사역이 교회 안에서 넓게 인정되고 받아들여지고 있다 해도 그들이 모두 어떤 수준의 준비가 다 갖추어졌다고는 볼 수 없다. 나는 사도적 사역이 온전히 회복되고 사역자들이 그 능력을 온전히 소유할 때 까지는 교회 안에 어떤 사역도 온전히 회복되기 힘들고 완전히 성숙한 사역에 들어갈 수 없다고 생각한다.

　사도적 사역의 회복이 없이 교회는 마치 코치가 없는 스포츠 팀과 같은 발전 없는 노력만 계속하게 될 것이다. 그들은 아마도 경기를 할 수는 있지만 몇 몇은 특출한 개인기를, 훈련의 부족으로 코치가 있으면 훨씬 훌륭한 경기를 할 수 있음에도 불구하고 낮은 수준의 경기만 하고 말 것이다. 그러한 팀은 자신들의 개인기가 월등하다고 하더라도 자기들보다 개인기가 떨어지지만 좋은 코치가 있는 팀에게 지게 되는 아픔을 경험하게 될 것이다. 이와 마찬가지로 교회 안에 사도적 능력의 기름부음을 받은 지도자가 없거나 교회의 영적인 장로들이 부족할 때 교회는 보다 효과적으로 성장하며 많은 열매를 맺을 수 있는 기회를 놓치게 된다.

　나는 신앙생활의 대부분의 시간을 예언적 사역을 하는데 보냈으며 또 예언적 사역 운동을 전개시키는데 전력을 다해 헌신하였다. 내가 내 마음에 , "나는 성서에 나타난 예언적 사역을 우리의 신앙생활에 회복시키고 교회 안에 정착시키겠다"고 다짐한다. 이 문제에 대해 주님은 내게 , "내가 너희들에게 준 예언사역의 능력을 너희는 지금 15% 정도밖에 사용하고 있지 못하다."고 말씀하셨을 때 나는 매우 놀랐다. 이 말은 한편으로는 매우 실망스럽지만 다른 한편으로는 우리에게 많은 가능성을 의미하기에 힘이 된다. 20년 전에 나는 하나님이 우리에게 주신 예언사역의 능력을 우리가 2%밖에 사용하고 있지 않다고 이야기 한 적이 있었는데 그때에 비교하면 우리는 지금 많은 진보를 하고 있는 것이다.

나는 지금 우리의 예언사역이 얼마나 정확하게 예언을 선포할 수 있는가 하는 문제를 말하고 있는 것이 아니다. 나는 지금 우리의 예언사역이 신약성경에서 언급한 예언사역과 비교할 때 얼마나 많은 능력과 깊이를 가지고 선포되고 시행되고 있는가를 이야기 하고 싶다. 나의 생각에는 2%의 예언사역의 나타남은 전혀 없는 것 보다는 훨씬 긍정적이라고 생각한다. 그리고 우리가 예언사역에 집중을 하게 되면 그 깊이와 정확도는 점점 깊어 질 것이다. 그리고 우리가 알지 못하는 사이에 하나님께서는 이 땅에 숨어 있는 사람들을 통하여 그가 계시하기를 원하시는 계시의 능력을 모두에게 나타내실 것이다. 그리고 나는 그날이 아주 가까웠다고 생각하며 성경에서도 실제로 그렇게 말하고 있다. 고린도후서 3장 7절에서 11절에 보면 우리가 신약성경시대에 경험한 하나님의 계시가 구약시대에 경험한 하나님의 계시보다 훨씬 강하고 컸다는 것을 알 수 있다. 우리의 시대에 구약의 선지자처럼 강력하게 예언을 선포하고 있는 사람이 있는가?

나는 우리 시대에 구약의 예언자 못지않게 강력하게 예언을 선포하는 몇 분을 알고 있다. 그리고 그 뒤를 따라 능력 있는 예언자가 되기 위하여 준비하며 하나님으로부터 계속적으로 영력을 받으며 성장하고 있는 몇 사람들을 알고 있다. 그렇지만 이러한 예언 사역에 관심을 갖고 또 예언사역에 이미 성숙한 단계에 있으며 하나님의 기름 부음이 있는 대부분의 사람들이 아직까지도 구약시대의 예언자의 모습을 기준으로 그들의 사역을 전개시키고 있다는 사실은 마음 아픈 현상이다. 우리는 바울이 고린도후서에서 언급한 사실을 음미해 볼 필요가 있다. 구약에서 나타난 예언사역은 신약에서 나타난 예언의 영광에 비하면 그 그림자에 불과 하다.

예언사역과 마찬가지로 오늘날 많은 교회들이 하나님께서 교회를 위하여 주신 사역의 은사들을 원래의 성서적 목적과 다르게 사용하거나 잘못 이해하고 있다. 우리는 성서에서 언급한 훌륭한 목사와 교사와 전도사들이 교회를 위하여 열심히 사역하고 있는 것을 안다. 그러나 나는 만일 이들이 하나님이 주신 사역의 은사들을 서로 합력하여 사용한다면 훨씬 열매 맺는 사역을 할 수 있다고 믿는다.

예를 들면 우리는 대형 부흥집회에서 수많은 결신자를 보게 된다. 그러나 그들 중에서 극히 소수만이 교회에 등록을 하게 되는 것을 안다. 그러므로 목사와 교사들은 이들을 교회로 인도하여 교육시키고 성장시켜서 그들의 믿음이 더욱 굳건해 지게 만들 수 있게 자신들도 준비하여야 한다. 목회란 한 가지만 가지고는 하나님의 목적을 이룰 수 없다. 목회는 하나님이 교회에 주신 모든 은사를 서로 효과적으로 연합시켜야한다. 이것이 바로 하나님이 그의 교회를 위하여 준비하여 놓으신 계획이다. 만약 우리가 그의 계획을 따르지 않으면 교회의 사역은 효과적으로 이루어지지 않고 하나님의 부흥과 성장을 이룰 수 없다.

우리가 서 있는 자리

나는 집회를 위하여 여행을 자주 다니는 편이다. 그런데 집회를 가는 지역마다 그곳에서 최소한 한번 이상은 목사들과 교회 지도자들을 위하여 특별집회를 마련한다. 보통 이런 집회에는 100명에서 1000명 정도까지 모인다. 모인 숫자에 상관없이 나는 모인 목사님들과 서로의 의견을 주고받는데 많은 시간을 할애한다. 그러한 사역을 한지도 벌써 7-8년이 되었는데 거기에서 목회자들과 교회 지도자들이 가장 많이 질문하는 문제들이 나로 하여금 이제 우리의 시대는 새로운 사도사역의 운동이 전개되어야 할 때라는 확신이 들게 하였다. 이들의 질문들은 매우 심각한 것들이었고, 그것에 답변하는데 많은 시간이 필요했으며 그에 대한 또 다른 많은 질문들이 제시되었다. 그들이 많은 질문을 던지지만 그 질문은 결국 한가지로 요약되었다.

그들의 질문에 대하여 내가 답변할 수 있는 많은 나의 의견들이 있지만, 나는 될 수 있으면 성경에서 내가 보고 성경을 통하여 내가 아는 부분에 대해서만 답변하려고 노력했다(고린도전서 13장 12절 참조). 내가 하나님께 이 문제에 대하여 물었을 때 나에게 보여주신 사항을 아래에서 언급한다. 나는 그가 나에게 보여주신 것이 매우 정확하다고 믿으며, 하나님이 우리에게 계시해 주신 예언은 그 무엇도 완전한 것이 없는 한 부분일 따름일 뿐이라고 믿는다. 이제 내가 본 계시를 소개하겠다.

나는 하나님께 현재 우리 교회에서 일어나고 있는 사도적 사역의 깊이와 정도를 물었다. 그 때 주님은 나에게 아름답고 멋진 새 자동차들을 보여주셨다. 그러나 그 차들은 움직이지 않고 있었다. 그리고 사람들이 그 차를 뒤에서 밀고 있었다. 그 이유는 그 차에는 엔진이 없었기 때문이다. 사도적 사역 운동도 이 차들과 같았다. 사도적 사역운동은 다른 사역운동보다는 조금은 앞서가고 있다. 그 이유는 아직도 몇 몇의 사람들이 열심히 밀고 있기 때문이다. 그러나 이 예언의 말처럼 차가 몇 사람이 뒤에서 민다고 움직이겠는가? 그리고 그들이 과연 움직이지 않는 차를 얼마나 오랫동안 밀 수 있는가?

아직도 우리의 사역은 잘되고 있는 것처럼 보이지만 사람의 노력이 없이는 전혀 움직이지 않고 있다. 이것이 사도적 사역의 현주소이며 사실이다. 그러나 나는 나의 계시에서 그 차들에게 엔진이 정착되는 것을 보았다. 그리고 차에 엔진이 정착되어지니 차가 사람의 도움이 없이 힘차게 앞으로 나갔다. 그리고 이제까지 그 차를 밀던 사람들까지도 그 차에 태우고 달려갔다. 사도적 사역운동도 마찬가지이다. 이 엔진들은 사도적 사역들이다. 교회에 사도적 사역이 힘을 얻고 살아날 때 사도적 사역운동은 힘을 얻게 될 것이다. 그리고 다른 모든 사역들이 유기적으로 힘을 얻어 교회 안에 거대한 사도적 사역 운동의 불이 지펴질 것이다. 그래서 이제는 성도들이 사도적 사역을 단순히 뒤에서 밀기만 하고 바라보는 것에서 사역의 한가운데 올라와 불붙는 사역의 주인공이 될 것이다.

나는 얼마나 많은 교회들이 성도들을 사도적 사역으로 교육시키고 연단시키고 있는가 묻고 싶다. 나는 성도들을 하나님이 부르신 그들의 부름에 응답하고 봉사하여 열정을 쏟게 하는 대신, 교회 안에서 자기가 하고 싶은 일을 열심히 하며 그곳에 다른 사람들을 끌어 들이려고 힘쓰는 교회에 경각을 주고 도전을 던지고 싶다. 내 경험에 의하면 나의 이러한 생각이 오늘의 교회의 현주소를 가장 잘 말해 주고 있다고 생각한다.

나의 이야기는 현재의 교회가 추구하고 있는 요구를 충족시키지 못 할 것이며 지금 일어나고 있는 사도적 운동에도 큰 도움이 되지 못할 수도 있다. 그러나 차가 없이 엔진만 우리가 갖고 있다면 그것도 아무 소용이 없다. 엔진만 가지고 차를 기다리고 사람이 그 엔진을 차에 조립하지 않으면 어느 날 아침에 다른 사람이 차에다 엔진을 조립하여 차를 멀리 가져가 버리는 일이 생길 것이다.

물론 하나님이 우리에게 능력의 기름 부어 주심과 인간 혼자의 힘으로 노력하는 것 사이에는 큰 차이가 있다. 오늘날 우리의 교회는 훌륭한 보기 좋은 차와 같다. 그러나 교회에서 일어나는 일들을 보면 하나님의 능력보다는 인간의 노력에 훨씬 의존하고 있다. 하나님의 일을 위하여 사람들에게 동기를 부여하는 것은 결코 잘못되지 않았다. 그러나 사도적 사역은 사람들에게 동기를 부여하고 그들을 그 동기에 몰입하도록 유도하는 그 이상이다. 사도적 사역은 성도들에게 하나님의 능력이 흘러나가게 하며 성도들을 하나님께서 그에게 부어주신 권세와 능력으로 행하게 한다. 그러므로 사람들이 그를 따르게 만드는 것이 아니라 사람들로 하여금 하나님과 동행하도록 만들고 하나님을 따르게 만드는 것이다.

이러한 이유 때문에 여기서 언급하는 사도적이라는 말은 우리가 보통 알고 있고 믿고 있는 사도적 권위하고는 많은 차이가 있다. 그러므로 어떤 사람이 훌륭한 동기부여자라 하더라도, 좋은 행정가라고 하더라도, 사람을 잘 모으는 인기있는 사람이라 하더라도, 우리는 그들을 쉽게 사도라고 부를 수 없다. 진정한 영적인 권위는 우리가 하나님과 늘 동행할 때 주어지는 것이요, 우리가 마음으로 깊이 하나님을 나타낼때 우리에게 하나님이 부어 주시는 것이다.

문제의 뿌리

지금 나는 새로운 사도적 운동들을 통하여 내가 경험한 사실들을 소개하려고 한다. 이것은 전부가 아니요 앞으로 하나님이 이루실 사도적 사역의 계획의 극히 일부분임을 다시 한 번 상기시킨다.

나는 세계 각국의 예언사역에 관심이 있는 교회들을 돕고 있다. 우리는 그들로부터 어떻게 예언적 사역을 서로 연결시키고 있는 지의 보고를 받고 있다. 그들 중의 한 교회는 지난 일 년 동안에 8개의 교회에서 지원을 받았으며 이제는 이들 가운데 한 교회 하고만 집중적으로 연결을 갖고 싶다는 이야기를 들었다. 나는 이 교회는 조그만 교회이기 때문에 너무 많은 교회와 연결을 지으면 혼란을 일으킬 수 있다고 생각했다. 그래서 그 목사님께 만약 다른 교회에서 우리가 여러분을 돕는 것보다 더 효과적으로 도울 수 있다면 우리와 연관을 끊고 그곳과 교제를 하라며 축복하고 보냈다. 그리고 그 변화과정에서 우리가 도울 수 있는 최선을 다 하겠다고 했다. 나는 진실로 이 교회는 우리가 아닌 다른 기관이 더욱 도움이 될 것이라고 믿는다. 그렇지만 교회가 서로 지교회가 되고 협력 관계로 발전할 때 많은 근본적인 문제들이 발생하고 사도적 교회로의 발전을 저해하는 요소들이 있음을 시인한다. 그리고 어떤 경우에는 이것들이 가장 큰 문제로 발전 될 수도 있다.

신약성서 시대의 사도들은 분명하게 서로를 헌신적으로 도왔다. 바울은 그는 결코 다른 사람의 터 위에는 교회를 세우지 않겠다고 이야기 했다. 그리고 다른 사람들이 도움을 청하기까지는 무엇인가를 하려고 압박하지 않았다. 이것이 바로 사도적 사역에 있어서 꼭 지켜져야할 문제이다. 다른 사람의 교회의 영역을 사도적 사역을 한다는 구실로 교회의 허락 없이 무조건 들어가서는 안 된다. 그리고 이 사역은 사도 한사람의 사역이 아니라 예수님의 큰 사역가운데 우리는 단지 하나의 동역자일 뿐이다. 무조건적으로 다른 교회에 다니는 사람들을 사역에 끌어들이고 이 사역을 확장시키려고 할 때 교회를 분리시키고 하나님의 몸된 교회에 상처를 줄 것이다. 그리고 이 일은 예수님의 몸인 교회의 심장을 결코 감동시키거나 변화 시킬 수 없을 것이다.

운동 팀에서는 다른 선수들이나 코치들은 스카우트할 때 먼저 그가 소속되어 있는 팀에게 허락을 받고 접촉을 한다. 나는 우리의 사도적 사역의 영역에서도 이러한 기본적인 원칙들이 꼭 지켜져야 한다고 본다. 그래야 교회들이 상처받지 않고 우리는 비난의 대상이 되지 않는 가운데 우리의 사역에 몰두하고 확장시킬 수 있다고 본다. 우리의 사역에 결코 개인의 욕망이나 야심이 앞서서 다른 사역자들과 교회에 상처를 주어서는 절대 안 된다. 내가 볼 때 사도적 사역을 하면서 사람들을 모으고 훈련시키는 과정에서 성령이 아닌 가난의 영이 심각하게 나타난다. 교회사를 보면 17세기에 목양적 사역운동이 거세게 일어나면서 동시에 교회에 급속한 분란이 발생했으며 이러한 교회의 분란은 21세기까지 계속되었다. 어떻게 하나님의 교회를 위하여 일한다는 사역운동이 이처럼 교회를 갈라놓았을까?

다른 사람들을 위하여 일한다는 구실의 이 운동이 결국은 사람들을 영적으로 조정하게 되고 그 일들은 결국 많은 사람들에게 상처를 주었다. 그 이유는 이 운동이 이기적인 야망에서 출발하였고 육신의 힘에 더욱 의지하였기 때문이다. 그것은 사람을 조정하는 영을 허용한다. 또한 이러한 육신의 일들은 야고보서 3장에서도 언급한 것처럼 모든 악한 영들의 기본적 성격과 그 특징을 같이 하고 있다.

경고의 말

사도적 교회 연합운동이 유행처럼 번지기 몇 년 전에 우리는 거짓 사도적 운동이 일어날 것이라는 예언적 말씀을 받았었다. 여기에서 내가 우리라고 언급한 것은 실제적으로 여러 가지 모양으로 우리의 사역 팀에도 이러한 공격이 있었기 때문이다. 우리는 이러한 거짓 사도적 운동이 어느 지역에서부터 일어나게 될 것이라는 것도 계시를 통하여 알게 됐다. 나는 이러한 거짓 사도적 운동은 전에 있었던 목양적 사역 운동 때보다 더 많이 교회를 황폐하게 만든 후에 그 세력이 잦아들 것이라고 예언했다. 그리고 이 거짓 사도적 운동도 전에 목양적 사역 운동 때처럼 사람들을 조정하는 영과 정치적 영들이 주도하게 된다. 정치적 영들은 교회와 사람들에게 성령에 복종하게 가르치기 보다는 사람들을 모이게 하는 능력과 힘에 더욱 집중하라고 가르친다. 나는 이 거짓 사도적 영이 일어날 것이라는 예언을 접한 후에 거짓 영의 요새에 대하여 더 깊이 공부하고 그 거짓 영을 격파하는 방법들을 찾아서 이 책에 소개하고 있다.

지금 이러한 악한 영에 대한 경고가 선포되어야 할 때이다. 이러한 거짓 사도적 운동이 교회를 소리 없이 조정하고 있지만 교회는 이것을 인식하고 있지 못하고 있다. 지금 교회에는 우리가 예측한대로 이러한 거짓 영들이 조용히 그들의 고유의 방법으로 스며들고 있다.

우리는 최근 몇 년 동안 공개적으로 교회에 이러한 어려움이 있을 것이라고 선포하였다. 나는 우리가 기회가 있을 때마다 많은 교회들에게 우리에게 들려주신 하나님의 이 예언적 사역을 선포해야 한다고 생각한다. 그래서 교회를 악의 혼란에서 구원하여야 하고 진정한 사도적 사역을 회복시켜야 한다고 믿는다.

분명히 이야기해서 나는 사도적 사역을 언급하기 전에 먼저 사도적 사역을 막는 요소가 되는 거짓 사도적 운동을 경계해야 한다고 생각한다. 그렇지만 우리는 이러한 경고가 우리에게 주어질 때 그러한 일이 실제적으로 우리와 우리의 교회에 일어날 것이라고 믿지 않는다. 그러나 우리는 사명감으로 이 경고를 선포해야한다. 우리는 교회에게 진정한 사도적 사역이 무엇이고 거짓된 예언사역이 무엇인가를 분명히 밝혀야하고 앞으로 교회에 일어나야 할 하나님의 소망을 선포해야만 한다. 우리는 누가 거짓 교사이며 거짓 예언자인가의 정체를 알기 위해서는 먼저 그들의 삶속에 하나님의 소명이 있는가를 알아보아야한다. 그리고 우리가 그들의 정체를 발견하는 순간 그들을 몰락으로 이끌 수 있는 지혜를 하나님이 우리에게 주신다.

이것은 마치 다윗이 나타나기 전에 사울이 먼저 등장하는 성경의 이야기와 마찬가지다. 무엇이든지 하나님으로부터 흘러나오는 것은 교회를 회복시키며 소생시킨다. 다시 말하면 사울이 등장하면 다윗은 반드시 등장하게 된다. 이스라엘의 왕국의 건설을 위하여 하나님은 이스라엘에게 야곱의 가문을 통하여 왕이 나타날 것이라고 예언하셨다(창세기 49:10 참조). 하나님이 사람들에게 왕을 기다리는 소망을 주셨을 때는 이미 그들에게 왕이 나타나고 사람들은 왕을 맞이할 준비가 된 것이다. 그러나 이스라엘 사람들은 하나님이 정하신 왕이 왕으로써의 자질을 완전히 준비할 시간이 필요함에도 그 기간을 참지 못하고 하나님께 당장 그들에게 왕을 보내달라고 간청하였다.

그래서 하나님은 아직 왕의 자질로서 사울이 성숙되지 않았지만 그를 기름 부어 이스라엘 백성에게 보냈다. 나는 오늘의 우리 교회에서 사도적 사역도 같은 오류를 범하고 있다고 본다. 사도적 사역은 하나님의 나라의 확장을 위한 사역이다. 그런데 오늘의 사도적 사역은 사람들의 요구에만 응답하는 사역으로 변질 되고 있다. 그럼에도 하나님은 신부의 요구를 들어 주시는 것처럼 사도적 사역을 하게 해주고, 그 사도적 사역을 감당할 만한 사람을 보내달라는 교회의 요구를 들어주고 계신다.

사울은 하나님과 백성을 위하여 얼마간은 일할 수 있었다 그렇지만 그는 왕으로써 충분한 자질을 갖추기 못하였기 때문에 그 일을 오래 동안은 계속하지 못하였다. 그가 하나님의 기름 부음을 받은 다윗으로부터 도전을 받았을 때, 그의 마음은 질투로 불타올랐고 하나님의 목적 보다는 자신의 욕심에 몰두하기 시작했다. 그의 미성숙한 지도력은 후에 하나님의 마음에 흡족한 다윗을 힘들고 어렵게 만들었다. 그러나 회고해 보면 사울의 박해가 없었더라면 다윗이 진정 성숙한 왕이 될 수 없었을 것이다. 사울의 정치적 미성숙함이 이스라엘이 겪지 않아도 될 어려움을 겪게 하였으며 그러한 혼란 속에서 이스라엘 민족이 하나님의 기름부음을 받은 선택된 왕 다윗을 알아보지 못하게 만들었다.

이것이 내가 교회에 대하여 하나님으로부터 받은 교회에 대한 경고이다. 즉 교회에 사도적 사역의 회복은 반드시 있게 되는데 그 사도적 회복이 있기 이전에 교회 안에 이와 비슷한 운동이 일어나게 되는데 그것은 아직 성숙하지 못한 상태에서 일어난 운동이므로 많은 문제를 일으킬 것이다. 그러나 그들은 앞으로 일어날 사도적 사역을 약간은 돕게 될 것이다. 그럼에도 불구하고 그들이 성도들에게 너무 많은 문제들을 일으킨 나머지 성도들은 진정한 사도적 사역운동이 교회 안에서 일어나고 있음에도 그것을 깨닫지 못하게 될 것이다.

앞에서도 언급하였지만 이 책은 어떤 가르침이 잘못됐으며, 어떤 운동이 잘못되었다고 지적하고 비판하기 위하여 쓰이지 않았다. 이 책은 앞으로 다가올 새로운 사도적 사역의 길을 열어놓고 준비하기 위하여 쓰였다. 그렇지만 내가 하나님의 백성들이 사탄으로부터 공격받는 것을 보호하려고 하지 않는다면 어떻게 하나님의 목자라고 할 수 있겠는가? 내가 하나님의 백성이 위험에 처함을 보고도 경고의 소리를 외치지 않으면 어찌 하나님의 파수꾼이라고 할 수 있겠는가? 그럼에도 불구하고 나는 단 한권의 책으로 사도적 사역의 회복의 토양이 온전히 이루어질 것이라고 욕심을 내지는 않는다. 그리고 나는 그러한 목적으로 이 책을 쓰지 않았다.

내가 많은 세월동안 예언사역에 전념하고 있는 것을 여러분은 알 것이다. 그러나 실제는 내가 예언사역을 가르치기 훨씬 전부터 사도적 사역에 관심을 갖고 그것을 가르쳐왔다. 아마 그것은 거의 30년 전에 시작 되었을 것이다. 나는 나의 초기 잡지에 사도적 사역에 대하여 많이 글을 올렸다. 그리고 그 시기는 내가 잡지에 예언적 사역에 관하여 기고하기 훨씬 전의 일이다. 나는 이 사도적 사역이 우리의 시대에 교회가 꼭 알아야 하고 배워야할 매우 중요하고 핵심적인 요소라고 생각한다. 나는 우리의 예언 사역의 중요한 목적중의 하나는 바로 교회에 사도적 사역이 온전히 회복되는 것을 돕는 일이라고 생각한다. 우리는 교회 안에 이 사도적 사역의 완전한 회복이 없이는 우리의 교회 안에서 신약성서에 나타난 교회의 삶을 경험할 수가 없다.

나는 내가 이 책에서 언급하는 사도적 사역의 회복이 지금 교회가 겪고 있는 많은 문제들을 근본적으로 해결할 수 있는 대안이라고 생각한다. 나는 이 책이 현재의 교회들이 겪고 있는 성도들의 신앙생활의 한계를 넘어서려는 사람들에게 도전과 격려가 되기를 원하며, 교회 안에서 진정한 하나님의 몸을 경험하기를 원하는 신앙의 순결자들에게 좋은 길잡이가 되기를 바란다. 나는 몇 몇 사람들은 아직 사도적 사역이 무엇인지 잘 모른 채로 그것을 성급하게 교회에 접목시키려하는 것을 안다. 그들은 하나님과 하나님의 백성을 사랑하는 열정에서 그러한 시도를 하려고 하고 있고 사탄도 그들의 열정을 아마 막을 수 없을 것이다. 그래서 사탄은 그들의 앞에 서있는 것이 아니라 그들의 뒤에서 사도적 사역의 본질만 흐려놓으려고 한다. 나는 사탄의 이러한 시도는 반드시 분쇄되어야 하며 그 일을 어떻게 하면 효과적으로 할 수 있을까를 생각하고 있다. 물론 이러한 미성숙한 사도적 사역의 시도들이 혼란을 가져올 수도 있지만 결국은 하나님이 의도하신 사도적 사역의 흐름으로 가게 될 것이며 진리는 반드시 드러나게 될 것이라고 믿는다.

승리는 확실하다

진정한 사도적 사역이 교회를 회복시킬 것이다. 이 마지막 시대에 진정한 사도들이 우리 가운데 있다는 많은 증거들이 있다. 그리고 그들은 완벽하게 준비되어 있다. 그들은 마치 다윗 왕처럼 매우 신실한 목자들이고 사자와 곰들과 싸워서 이기는 길도 알고 있다. 그리고 그들은 양들을 지키기 위하여 그들의 목숨을 버릴 각오가 되어있다. 그들은 지금은 사람들에게 높이 인정을 받지 못하고 있지만 때가 오면 주님이 높이실 것이다. 선지자가 와서 그들에게 기름을 부으며, 그들은 하나님으로부터 크게 부름을 받았다고 할지라도 거기에는 큰 반응을 하지 않고, 하나님이 그들에게 맡겨주신 양에게로 돌아가 신실하게 그들을 지킬 것이다. 그들은 이 기름부음이 하나님으로부터 왔다고 여기며 이것을 깊이 간직한 채 그의 일터로 돌아가 하나님의 시간에 하나님이 그들을 부를 때를 기다릴 것이다.

이러한 모든 일이 일어날 때, 우리는 항상 중심을 잡아야 하고 한곳에 치우치면 안된다. 그 이유는 이러한 일의 양편에는 늘 진흙탕이 있어서 한 쪽으로 쏠리면 그 진흙탕으로 빠지게 된다. 그러므로 우리는 한쪽으로 너무 빠지게 되면 귀중한 다른 한편을 잃어버리게 된다. 나는 이 책이 여러분에게 다가올 사도적 사역을 준비하는 데 큰 도움이 되길 바란다. 그리고 한걸음 더 나아가 여러분이 사도적 사역의 중심에 서서 비전을 갖고 비전을 나누는 사람이 되기를 바란다.

이 일을 통하여 여러분은 분명 강하게 역사하는 하나님의 능력을 체험하게 될 것이며, 당신들이 경험한 어떤 일보다 당신을 흥분시키며, 열정이 솟게 할 것이다. 이제 당신은 그 중심권에 서있다!

이 책을 읽고 새로운 사도적 사역에 동참하기를 원하는 사람은 다윗 왕이 기쁨으로 사울을 위하여 봉사하였음을 기억해야 한다. 그는 하나님의 기름 부으신 사울(사무엘상 26:11)을 대적하는 일을 하지 않았다. 그는 사울을 죽일 수 있었지만 죽이지 않았다. 그리고 선지자가 이미 그에게 하나님의 권위가 있다고 말했지만 사울의 권위를 빼앗지 않았다. 그것은 그는 하나님이 기름 부으시고 권위를 준 사람을 절대적으로 존경하였기 때문이다. 이 일 때문에 하나님은 다윗을 믿고 더욱 기름 부으시고 권위를 주셨다.

사도행전에서 사도적 사역의 가장 중요한 요소는 "성령의 충만함을 받음"이라고 거듭 언급하고 있다. 우리가 사역자들을 보면서 그들이 진정한 하나님의 기름부음을 받은 사역자인가를 분간 하는 기준은 그들이 성령의 인도하심을 따르고 있는가를 분별하는 것이다. 나는 기도하기를 당신도 역시 성령의 인도하심을 따르는 자가 되기를 바란다.

나는 여러분들에게 사도적 사역의 모든 것을 이야기 할 수 없다. 그 능력은 오직 하나님만 갖고 계실 따름이다. 나는 단지 하나님께서 나에게 보여주신 나의 부분만 이야기 할 뿐이다. 나는 많은 사람들이 서문을 읽지 않고 본문으로 바로 들어가는 것을 알고 있다. 그래서 여기에 제시한 문제들은 본문에서 다시 한 번 이야기 할 것이다. 여러분의 양해를 바란다.

릭 조이너

Chapter 1
지구상에서 가장 강력한 힘

당신은 지구상의 모든 군대들보다 한 사람의 신실한 성도의 힘이 더욱 강하다는 것을 믿는가? 이 사실이 현실로 다가올 날이 우리에게 오고 있다. 이 일은 종말이 오기 전에 반드시 우리에게 증명될 것이다. 하나님은 그의 백성가운데 계시며, 그의 백성들이 이 사실을 하나의 교리나 이론으로 알기 보다는 삶속에서 진리로 경험하기를 원할 때, 이 사실은 현실로 나타나 세상 모두가 이 진리를 보게 될 것이다.

우리의 다가 올 세대들은 초자연적인 것들에 관한 열망으로 불타오르고 있다. 많은 인기 있는 책과 영화와 TV 방송들은 대부분 이러한 초능력을 주제로 다루고 있다. 이러한 매체들은 대부분 사람의 관심을 잡기 위하여 만들어 지고 있으며 이 가운데는 사탄이 주술과 악령을 힘입은 초능력으로 사람을 혼란시키고 있다. 그런데 이제 하나님께서 이 초자연적인 힘을 그의 마지막 시대의 사역을 위하여 사용하시려고 한다.

사람은 하나님과 교제를 나누기 위하여 하나님이 창조하셨다. 그리고 하나님은 인간을 그분의 모습으로 창조하셨다. 그런데 하나님은 영이시고 초자연적이다. 그러므로 모든 인간은 본능적으로 초자연적인 것을 갈망한다. 유명한 작가 C.S. 루이스는 "영적인 본능은 육체적인 본능처럼 음식을 먹는다. 그러나 그들은 우리가 생각하는 음식을 먹는 것이 아니고 우리가 먹으면 죽는 독약을 먹는다."라고 이야기 한 적이 있다. 만약 인간이 하나님과 올바른 관계를 갖고 있지 않으면 그들의 초자연적인 열망은 사탄의 허위 모조품으로 가득차게 될 것이다.

몇 년 전 학술지의 연구에 의하면 미국에서 심령술사에게 12억 달러의 돈이 소비된다고 했다. 그러나 더 놀라운 사실은 이 많은 돈을 소비한 사람의 반 이상이 신실한 기독교인들이라는 것이다. 하나님이 교회에 주신 예언적 은사는 사탄이 가지고 있는 능력보다 훨씬 강한 것이다. 그러나 마치 어린아이가 그의 부모가 준 음식은 먹지 않고 밖에서 간식만 먹으면 그 아이의 건강에 해가 되는 것처럼 여러분이 하나님께서 여러분에게 주신 은사를 사용하지 않으면 이것은 비극적인 일이 될 것이며 이러한 현상은 오늘날에도 계속되고 있다. 그러나 이러한 비극은 곧 종식될 것이다. 하나님은 지금 그의 사람들을 이 땅에서 부르고 계시고 그들은 이제 일어나 많은 사람들을 하나님의 능력안으로 이끌게 될 것이다.

하나님께서 이미 교회에 부어준 권능은 사탄이 가지고 있는 허구로 모조된 능력보다도 강하다. 교회가 이미 하나님께서 그들에게 주신 권능을 깨달아 사용하게 될 때, 허리우드에 있는 공상 영화감독이 그들의 상상력으로 만든 어떤 영화도 그 초자연적 능력을 표현함에 있어서 교회의 성도의 경험과 비교할 수가 없을 것이다. 이제 수많은 사람들이 예수님께 모였듯이 수많은 사람들이 교회로 모이게 될 것이다. 그리고 이러한 교회는 하나님의 능력을 사용하며 하나님의 임재가 넘치는 교회들이다. 이 능력이 역사하는 교회는 그리로 모이는 사람들에게 하늘로부터 내리는 진정한 양식을 베푸는 교회가 될 것이다.

다가오는 세대는 그들의 삶이 흥미진진할 것이다. 그리고 하나님이 세상에 쏟아 부으시는 능력을 가끔 사탄이 사용하고 이용할 것이다. 그러나 하나님께서는 잠시 하나님의 계획안에서 그들을 지켜보고 계실 것이다. 마지막 시대에 이 땅에 사는 사람들은 이제까지 세상이 경험하여 보지 못한 가장 강력한 하나님의 능력을 보게 될 것이다. 이 능력을 경험하고 사용할 수 있는 사람들은 오직 신실한 하나님의 사람들뿐이다. 온전히 하나님과 동행하며 임재가운데 거하는 사람들이 이 세상을 하나님의 나라로 회복시킬 것이다. 하나님에 대한 신실함과 동행함이 우리의 영혼을 풍성하게 하는 영적 양식이다. 많은 사람들이 신실한 하나님의 사람들이 가진 능력을 소유하기 위하여 책을 보고 영화도 보고 훈련도 해 보지만 그들이 원하는 만족은 얻지 못할 것이다. 이러한 능력은 세상에서 주는 것이 아니라 온전히 하나님과 신실한 교제와 임재를 통하여만 이루어진다.

그러나 이러한 현상이 나타났다고 해서 세상에 종말이 온 것이 아니다. 급격한 변화가 오고 있다. 다가올 미래를 바라보는 통찰력이 없는 사람과 이 악한 세대에 물들어 있는 사람은 그 날에 살아남지 못할 것이다.

그 날에 신실한 교회는 우뚝 서있을 것이다. 이러한 교회들은 각 세대마다 세파에 흔들리지 않고 세상에 하나님의 빛과 소금이 되기 위하여 온힘을 다한 교회들이다. 그리고 이러한 교회들은 마치 어머니처럼 마지막 시대에 다가올 환란을 준비하는 교회들이다. 라헬이 죽음으로 야곱의 막내아들 베냐민이 태어난 것처럼(창세기 35장 16-19절 참조) 동일하게도 재림 사역이 시작될때 교회가 이러한 과정을 경험하게 될 것이다.

우리는 성경에서 이 마지막 날에 사용할 교회에 대하여 언급한 대목을 주의해 보아야만 하고 어떤 교회를 마지막 날에 사용하시는 지를 알아야 한다. 성경은 그 교회의 모습들을 비유로 설명하고 있다. 성경에 예수님은 마지막 날에 양들과 염소들을 위하여 오신다고 하셨다. 그러나 이것은 비유이며 문자적인 양들과 염소들을 위하여 오시는 것은 아니다. 그리고 우리는 비유들을 해석함에 있어서 우리의 한계가 있음도 인식하여야 한다. 그와 동시에 교회는 예수님의 신부임을 명심해야한다. 지금은 교회의 마지막 시대이며 이제 주님은 신부인 교회를 향하여 오고 계신다. 그 교회는 하나님으로부터 부름 받고 주님을 귀하게 여기며 오실 주님을 준비하는 교회들이다. 이러한 교회들 때문에 마지막 날에 교회는 몰락하거나 사라지지 않고 더욱 왕성해질 것이다. 이 교회들은 새로운 사역을 교회에 창조시켜서 다가올 교회의 시대에서 하나님의 왕국의 시대로의 세계적 전환을 예비할 것이다.

베냐민이 태어났을 때 그의 어머니 라헬은 그의 이름을 벤 오니라고 지어주었다. 그 이름의 뜻은 '나의 눈물의 아들' 이라는 뜻이다(창세기 35:18 참조). 그녀가 그러한 이름을 지어준 것은 그녀가 곧 죽을 것을 알았기 때문이다. 그렇지만 야곱은 그 아들의 이름을 베냐민이라고 고쳤다. 그 이름의 뜻은, '하나님의 오른편 손의 아들' 이라는 뜻이다. 하나님의 오른편에는 예수님이 앉아계신다. 마태복음 26장 64절에 보면, '능력의 오른손' 이라는 표현이 있다. 베냐민은 야곱이 낳은 마지막 아들이다. 이 베냐민은 마지막 날의 사역(목회)을 대변한다. 이 마지막 베냐민 세대에서 교회의 시대는 끝이 나고 천국의 시대가 문을 열 것이다. 이 이유는 그리스도와 함께 후사된 자로 통치하고 다스리게 될 사람들이 이사역을 완수하게 될 것이기 때문이다.

라오디게아 교회는 계시록에서 하나님이 언급한 일곱 교회 가운데 마지막 교회였다. 그리고 그 교회는 다가올 세대의 마지막 교회를 비유하고 있다. 우리가 알기는 이 라오디게아 교회는 매우 부유하여 그들은 아무것도 필요한 것이 없다고 생각했고 그렇기 때문에 그들은 곤고하게 되고 눈멀고 벌거벗게 되었다. 그래서 주님은 그들을 토하여 내치겠다고 경고하였다. 그러나 역시 이기는 자에게는 내 보좌에 앉게 하겠다는 축복의 말씀을 기억해야 한다(계시록 4:21 참조). 이것은 계시록 7장 9절에 나타난 보좌 앞에 서있는 허다한 증인들과 비교된다.

오늘을 사는 우리에게 가장 힘든 일은 하나님에 대한 헌신과 열정을 계속 유지하기 위하여 우리의 본능을 극복해야하는 문제이다. 그러나 하나님에 대한 헌신과 열정을 유지하며 승리하는 자들에게 가장 위대한 영적 권위가 위임된다. 이러한 사람은 그들이 어느 곳에 있든지 그들을 통하여 세상에 예수님의 권위를 나타낼 것이다. 그 비결은 그들이 예수님과 함께 보좌에 좌정하게 될 것이기 때문이다. 이렇게 하나님과 동행하는 사람들은 계시록 3장 14-22절에 나타난 하나님이 저들을 불속에서 정금처럼 연단하고 흰 눈처럼 정결한 옷을 입히신다는 뜻을 이해할 수 있다.

하나님이 마지막 날에 정금처럼 연단하여 정결한 옷을 입힌 사람들을 통하여 세상을 변화시킨다는 것이 이 책의 주제이다. 정금을 소유하기를 원하는 자는 연단의 값을 치뤄야 하고 그들은 정결한 흰옷을 입고 하나님의 아들과 딸로서 이 땅에 하나님과 동행할 것이다. 그러나 마태복음 22장 14절에 나타난 말씀처럼, **청함 받은 자는 많되, 선택된 자는 지극히 적을 것이다.** 많은 사람들이 이 거룩한 하나님의 선택에 들어가기를 원한다. 그러나 대가와 희생을 감당하기는 싫어한다. 대부분의 사람들은 즐겁고 신나는 일을 좋아한다. 그러나 연단과 훈련과 고난을 담당하는 것을 원하지 않는다. 그러나 고난과 연단만이 하나님께 온전히 헌신 할 수 있는 길을 열어주고 자신이 하나님께 온전히 헌신하기를 원한다는 마음을 증명할 수 있는 유일한 방법이다.

우리는 지금 모든 것이 부족함이 없는 풍요의 시대에 살고 있다. 계시록에 나타난 라오디게아 교회의 시대에 살고 있다. 모든 것들이 쉽게 가고 있기 때문에 연단된 정금을 사모하는 사람이나 정결한 흰옷을 입기를 원하는 사람이 거의 없다. 그러나 그 일을 사모하는 사람들은 마지막 시대에 하나님 나라에 가장 소중한 사람들이다. 많은 사람들이 우리가 앞으로 일어날 일들을 예언할 때 흥미를 갖고 들으며 또 그러한 이야기를 듣기를 좋아한다. 우리가 이런 이야기를 할 때 사람들은 열정을 가지고 뛰기도 하고 열광하기도 한다. 그리고 좀 더 자세히 듣기 위하여 앞자리로 옮겨 앉는다. 그러나 이 예언을 이 땅에서 성취하기 위하여 우리가 훈련을 받고 연단을 받아야 한다고 하면 그들은 슬그머니 물러나 버린다. 우리 시대의 사람들은 연단과 훈련을 매우 싫어하는 쉽게 살아가는 사람들이다.

그러나 모든 사람들이 물러서는 것은 아니다. 그들 중에 극히 소수의 사람들이 이러한 정금과 흰옷을 입기 위하여 그들이 무엇을 해야 하는가를 경청한다. 그들은 자신들이 해야 할 일은 한자도 빼지 않고 노트에 기록한다. 그리고 집으로 돌아가 그들이 기록한 내용을 다시 읽으면서 그들이 무엇을 해야 하고 무엇을 준비해야하는 가를 살펴본다. 그들은 마치 좋은 씨앗이 좋은 밭에 뿌려져 많은 열매를 맺는 것처럼 좋은 밭을 갖고 있다.

나는 지금도 운동을 하고 있거나 과거에 운동을 한 적이 있는 많은 프로 운동선수를 친구로 갖고 있다. 그들은 나에게 그들이 프로 운동선수로 이름을 날리기 위하여 많은 세월동안 피나는 훈련과 연단을 하였다고 이야기 한다. 그들은 10대 소년이 되기 전에 매일 기초체력 훈련을 위해 몇 시간씩을 소비한다. 그리고 훌륭한 코치로부터 강도 높은 훈련을 하며 배우고 연습에 연습을 거듭한다. 내가 들은 많은 훌륭한 운동선수들은 그들의 재능이 뛰어나서라기보다는 피나는 훈련으로 그렇게 됐다고 이야기한다. 그들 주위에는 그들보다 훨씬 재능이 많은 선수들이 있는데 그들은 훈련과 연습은 끊임없이 하지 않아 운동시합 때 경기에 뛰지 못하고 벤치에서 후보 선수로 바라만 보고 있는 사람이 많다고 한다, 훈련은 하루아침에 되는 것이 아니고 매일 빠짐없이 혼신을 다하여 연단할 때만이 이루어진다.

만약 이러한 운동선수들이 훌륭한 선수가 되기 위하여 피 땀 흘리며 훈련한다면 과연 하나님의 신실한 종으로 선택받은 우리는 그 하나님의 부르심에 부응하도록 얼마나 노력하고 자신을 연단시키고 있는가? 사도 바울이 운동선수에 대하여 비유로 설명하면서 저들은 세상의 썩어질 것을 위하여 저토록 열심히 달리는데(고린도전서 9장 24-25절 참조) 우리는 하나님의 영원한 것을 위하여 달리고 있으니 얼마나 축복인가 라고 말했다. 왕중의 왕이신 하나님으로부터 부름 받은 우리는 이 지구상에서 가장 높은 수준의 소명을 갖고 있는 것이다. 만약 우리가 운동선수가 그의 팀을 원하지 않는 것처럼 그리스도 안에서 우리에게 주어진 소명을 귀하게 여기지 않으면 우리는 지금 너무 큰 실수를 범하고 있는 것이다.

도적을 식별하라

오늘날 우리의 교회에 숨어 있는 가장 큰 도적의 정체는 '쉽게 가자'는 마음이다. 이것은 실제로 사탄이 예수님을 시험할 때도 사용한 방법이다. 그는 예수님께 당신이 나에게 절하고 경배하면 이 세계의 모든 왕국을 그에게 주겠다고 했다(마태복음 4:8-9 참조). 예수님은 이미 그에게 세계의 왕국이 주어짐을 알고 있다. 하나님은 그에게 십자가를 짐으로 이 세계의 왕국을 그에게 주시겠다고 했다. 그러나 사탄은 십자가를 지는 어려운 길이 아니라 단순히 한번 절만 하면 되는 쉬운 길로 그를 유혹했다. 이러한 사탄의 유혹은 오늘날에도 하나님의 부름을 받은 사람들에게 다가오고 있으며 실제적으로 많은 사람들이 이 유혹에 빠지고 있다.

최근에 투자사기단이 적발되었는데 이 투자사기로 여기에 연루된 많은 교회와 교단들이 큰 재산적 손해를 본 것으로 드러났다. 이러한 일은 벌써 몇 년 동안에 두 번째 일어난 사건이다. 많은 교회와 교회관련 기관들이 이 두 경우에 모두 큰 손해를 본 것으로 드러났다. 이러한 일은, "사악한 부요는 심판을 받을 것이다."라는 성경의 경고와 같다. 이것은 성서적이며 늘 우리의 주변에서 사실로 증명된다. 그리고 우리가 성경을 상고해 보면 물질의 부요는 근면함에서 오는 것이지 노력 없이 갑자기 생기는 것이 아니라는 것을 안다.

이번에 일어난 투자 사기단은 사람들에게 매달 그들이 투자한 금액의 40%를 이익금으로 돌려주겠다고 유혹했다. 사업을 해 본 사람들은 알겠지만 투자한 금액의 40%를 이익금으로 남기려면 부정한 방법을 사용하지 않고는 결코 불가능 하다는 것을 안다. 나는 사기단에게 투자한 사람에게 직접 당신의 돈이 어디에 투자되는지를 알고 있는가하고 물었을 때 그들은 그것은 잘 알지 못하고 그냥 40%의 이익금을 챙겨주겠다는 그들의 말만 믿고 투자했다는 것이다.

실제적으로 그 사기단들은 그 돈을 모아서 투자한 것이 아니다. 다단계식으로 그 돈을 모아오는 사람들에게 일정액의 액수만 수고비로 주고 나머지는 그들이 다 챙겨서 달아나 버린 것이다. 수백 만 불의 돈이 악한 사람들에 의하여 사라져버리고 안타깝게 교회가 이것에 연관되어서 하나님의 귀중한 돈을 사탄에게 주어버린 결과를 만들었다. 하나님은 이러한 물질적인 손해에 큰 상관을 하시지는 않는다. 하나님의 나라에는 많은 물질이 쌓여있기 때문이다. 그러나 그분이 관심을 갖는 것은 왜 그의 사랑하는 사람들이 세상의 악한 사람들의 꾐에 빠져들어 가는 가하는 것이고, 심지어는 그의 가장 사랑하고 능력을 받은 교회의 지도자들 까지도 이러한 물질의 유혹에 빠져버림을 마음 아파 하신다.

도적이 쓰고 있는 가면은 '쉬운 방법, 빠른 방법, 고통이 없는 방법' 이다. 그리고 이 도적들은 우리가 아무것도 하지 않아도 자기들에게 맡기기만 하면 자기들이 다한다고 유혹한다. 즉 우리의 노력이 전혀 필요하지 않다는 것이다. 내가 어떤 잡지에서 미국사람들에게 은퇴준비를 위하여 무엇을 하겠는가 하는 설문조사에서 놀랍게도 2/3의 사람들이 복권에 당첨되어 노후를 편히 지내고 싶다고 했다는 자료를 보고 놀랐다. 물론 많은 사람들은 그들이 힘이 다할 때 까지 열심히 일하려고 하고 그들의 꿈을 신실하게 지켜 나가고 있다. 그리고 그들이 은퇴한 후에 편안한 삶을 살기 위하여 매해 마다 조금씩 현명하게 저축하고 살아가고 있음을 안다.

성경에서는 우리들에게 갑자기 부자가 되는 것은 축복이 아니라 저주라고 말한다. 여러분은 복권에 당첨된 사람들이 이후에 어떻게 살고 있는가 하는 자료를 본적이 있는가? 당첨된 후 오 년 안에 대부분의 사람들이 재산을 탕진해 버린다. 그리고 10년 안에 거의 모든 사람이 재산을 다 날려버리고 가정이 파탄나고 육체가 병들어 당첨되기 이전보다 더 불행한 삶을 살고 있다.

나는 사업에 제법 성공한 사람이 복권에 당첨되었고 그는 신실한 기독교인이어서 당첨 액의 십일조를 교회에 헌금하였다는 이야기를 들었다. 그런데 얼마동안은 그것이 하나님의 축복인줄 알았는데 얼마 후 그는 모든 것을 탕진하고 자포자기에 빠져버린 사실을 듣고 마음 아파하였다.

나는 매우 유명한 한 운동선수를 안다. 어느 날 그와 한 호텔의 복도를 지나가고 있는데 구두닦이 소년이 그를 보고 오만 불만 빌려달라고 하는 장면을 목도했다. 나는 깜짝 놀라서 그에게 이러한 일이 자주 있는가 하고 물었다.

그는 사람들이 자신이 돈이 많은 것을 알고 자주 그에게 돈을 빌려 달라고 하며, 빌려주면 조금 있다가 또 빌려달라고 한다고 했다. 그 돈이 그에게는 큰 액수는 아니지만 자주 빌려 달라고 하다 한번 빌려주지 않으면 그에게 화를 내고 그를 욕한다고 했다. 그리고 그의 가족들도 이제는 더 이상 이런 식으로 사람들을 쉽게 돕는 길을 하지 말라고 권면한다고 했다.

사람들은 요즈음 나를 지금 비교적 성공한 영적 지도자 중에 하나라고 생각한다. 그래서 사람들은 나를 만나면 그들의 책을 나의 출판사에서 출판해 달라고 하고 그들의 비전을 들어달라고 하고 집회 기간에 그들을 사람 앞에 세워서 그들의 비전이 얼마나 훌륭한가를 설명해 달라고 한다. 그들은 나를 통해 쉽고 빠르게 대중들에게 나타나기를 원하다.

나는 사람들에게 안수해 주기를 바라고 나의 글 쓰는 능력을 안수를 통하여 전수받기를 원할 때 기쁨으로 안수한다. 그러나 내가 영적 예언 사역의 완숙한 영역에 들어가고 좋은 영적인 서적을 계속 쓸 수 있는 능력은 하루아침에 이루어진 것이 아니다. 지난 40년 동안 훈련받고 다른 사람들이 놀고 있는 시간에 집안에서 열심히 공부하고 연단한 결과이다. 그런데 사람들은 내가 사십 년 동안 훈련을 통하여 쌓아온 것을 단 한 번의 안수로써 그들에게 전달 될 것이라고 믿고 바라고 있다. 내가 만난 많은 사람들은 그들이 성공적인 목회를 할 수 있는 열쇠를 한 두 권의 책을 통하여 찾을 수 있다고 생각한다. 그러나 그러한 생각은 마치 아무 노력도 없이 쉽게 복권에 당첨되려는 마음과 같은 것이다.

지금 나의 경고가 모두 맞는 것은 아니라고 생각한다. 그러나 나는 모든 성도들이 자신들이 무엇인가를 하려고 급히 서두르지 말고 하나님께서 위대한 일을 하시도록 기다리고 있으면서 자신과 자신의 명예를 위하여 일하지 말고 하나님과 그의 나라를 위하여 일하기를 바란다.

젊을 때는 우리가 미성숙한 것을 받아들일 수 있다. 우리가 어렸을 때에는 자기중심적인 것이 정상이다. 어린아이는 아직 도움이 필요하며 다른 사람을 돕는 것이 무엇인지를 알지 못한다. 그러나 그 어린아이가 20살이 되었는데도 아직도 귀저기를 차고 있다면 그것은 큰 문제인 것이다. 마태복음에 나타난 마지막 날에 대한 경고 중에 하나는, "그날에 젖을 먹는 아이에게는 저주가 있을 것이다(마태복음 24:19)"이다. 이것을 해석하면, "아직도 그의 백성을 어린아이에서 어른으로 성숙시키지 못한 지도자들에게 화가 있을지어다"라고 표현할 수 있다.

우리는 지금 사도적 신앙인의 모습에서 너무 멀리 떨어져있다. 그리고 사도적 사역에 관하여 잘못된 생각을 갖고 있다. 그리고 어떤 면에서 우리 모두는 미성숙한 신앙생활을 하고 있다. 나는 우리 주위에 사도적 사역을 하기 위하여 자신을 연단하며 자신의 한계를 넘어 하나님의 경계로 돌진 하는 사람들이 있음을 기쁘게 생각한다. 그러나 우리는 그 길을 쉽게 가려고 생각해서는 안될 것이다.

신약성서에서 나타나는, '**믿음**' 이라는 단어적 해석은 '신실함' 이라고 표현될 수도 있다. 나는 이 단어들이 서로 긴밀한 상관관계가 있다고 생각한다. 신실함은 진정한 믿음의 열매를 나타내는 것이다. 우리가 히브리서 6장 11-12절을 살펴보자.

> 우리가 간절히 원하는 것은 너희 각 사람이 동일한 부지런을 나타내어 끝까지 소망의 풍성함에 이르러 게으르지 아니하고 믿음과 오래 참음으로 말미암아 약속들을 기업으로 받는 자들을 본 받는 자 되게 하려는 것이라.

위의 성경말씀이 지적하였듯이 마지막 날에 약속을 기업으로 받기 위해서는 인내가 필수적으로 필요하다. 만약, '믿음과 오래 참음'이 약속을 기업으로 받을 수 있다면 왜 우리는 신앙운동은 전개하면서 인내의 운동은 전개하지 않을까? 분명한 것은 인내를 주제로 이야기 할 때 사람들은 관심을 쏟지 않으며 인내에 대한 내용으로 책을 출판할 때 사람들은 그 책을 구입하지 않는다. 그러나 약속 있는 하나님의 기업은 하나님의 약속을 인내로 기다리며 주님께만 헌신 하는 사람의 것이다.

나는 이 책을 바로 이러한 예언적 비전을 씨뿌리기 위하여 썼다. 나는 나의 성서적 가르침과 훈련을 통하여 나의 예언적 사역 능력을 독자들에게 전수하고 싶다. 그러나 그러한 능력을 전수 받기위하여 먼저 하나님과 동행하는 삶을 사는 것이 필수 조건이다. 내가 여러 번 이야기 했지만 내가 단순히 하나님으로부터 받은 예언적 사실만 가지고 책으로 쓰기를 원했다면 지금 보다 훨씬 많은 책을 썼을 것이다. 그러나 나의 목적은 내가 쓴 책이 많이 팔리는 것에 있지 않다. 내가 목표로 하는 독자는 단순히 책만 사려는 사람이 아니라 하나님의 열매를 맺고자 열망하는 사람들이다. 그들은 나의 비전을 좋아할 것이다. 그리고 그 비전이 우리에게 현실로 나타나기를 갈망한다. 그리고 비전을 현실에 안착시키기를 원하는 사람들이야 말로 모든 분야에서 진정한 챔피언이 될 것이다. 우리의 주변에는 하나님과 늘 동행하며 살면서 믿음의 거대한 봉우리가 된 사람도 있다. 그 사람들은 지금도 잠자는 사람들을 깨워서 그들의 목적을 달성하고 있다.

나는 8살 된 어린이들을 대상으로 책을 쓰기도 하고 어떤 때는 80세가 넘으신 분들을 위하여 책을 쓰기도 한다. 그러나 많은 경우 연령은 별로 중요하지 않다. 중요한 것은 그들이 영적인 트럼펫 소리를 들을 수 있는 귀가 열려있는가 하는 것이고 영적 전투의 소리를 느낄 수 있는 가슴이 있는가 하는 것이다.

나는 당신이 지금은 이 책을 당신 손안에 가까이 갖고 있지만 조금 지나면 멀리 두게 될 것이라는 것을 안다. 우리는 이 책에서 많은 흥미로운 문제나 어려운 문제를 발췌하여 서로 토론도 할 것이다. 그러나 여기에서 다루고 토의하는 문제들은 매우 중요하고 흥미로운 일 이라는 것을 명심해 주길 바란다.

이 책을 쓰면서 나의 목적은 이 책이 문학적으로 우수하다고 인정받기 위한 것이 아니고 나의 미래에 대한 예언이 사람들에게 그들의 삶에 실제로 적용이 되어 씨 뿌리고 물주고 열매를 맺게 하는 것이다. 어쩌면 나는 좀 더 자극적이고 심한 용어를 쓸지도 모른다. 그러나 그것 때문에 나는 부담을 갖지 않을 것이다. 나는 이 책에서 전에 내가 출판한 서적이나 잡지의 내용을 인용하기도하고 내가 집회에서 사용한 내용을 다시 쓰기도 할 것이다. 당신이 만약 그런 책이나 잡지를 보았고 나의 세미나에 참석했다면 중복되는 내용을 이해하기 바란다. 내가 그 내용을 여기에 다시 쓰는 것은 특별한 목적이 있어서이다. 나는 나의 출판서적을 보고 잘못된 점을 지적해주고 비판해준 여러분께 감사드린다. 그들의 비판이 나의 예언사역의 영역을 더욱 포용적으로 만들어 주기 때문이다. 계속적으로 여러분의 조언을 바란다.

내가 알고 있는 정신과 의사가 나에게 매우 흥미 있는 이야기를 해주었다. 우리 머리에 있는 생각들은 보통 전기적인 충격으로 뇌를 자극할 때 시작된다. 그리고 그 생각은 우리의 신경조직에 전달되어 우리의 육체가 반응한다고 했다. 물론 이러한 연구결과는 오래전부터 우리가 알고 있는 사실이다. 그러나 이러한 연구 과정에서 알려진 사실은 하나의 생각이 완전히 익숙한 채로 남기 위해서는 최소한 같은 생각을 29번을 반복해야 한다는 것이다.

나는 반복이 숙련된 상태를 만든다는 사실에 대한 다른 자료를 정신과 교수 그림박사가 쓴 자료를 읽은 적이 있다. 이 자료에 따르면 하나의 지식을 깨달아 알고만 있게 하기 위하여는 최소한 4번은 반복해야하며, 우리의 기존 생각과 습관을 바꾸기 위해서는 30번이나 그 이상을 반복해야 한다고 한다. 우리의 마음과 생각을 바꾸는 것은 우리가 생각하는 것보다 훨씬 속도가 느리며 인내와 기다림과 반복이 필요하다. 그렇기 때문에 우리가 성경을 읽어 보면 중요한 대목을 자주 반복하여 같은 내용을 이야기하고 있는 것이다. 이처럼 운동선수들도 그들이 뛰어난 기록과 능력을 발휘하기 위하여 똑 같은 연습을 매일 매일 지루하지 않게 반복하는 것이다. 그리고 계속되는 반복을 통하여 무의식 속에서도 그들의 기량이 나오게 하며 마침내 실수하지 않는 완벽한 프로선수가 되는 것이다.

내가 훌륭하고 뛰어난 성공적인 사람들에게서 발견한 한 가지 공통적인 특징은 그들은 결코 시간을 허비하거나 낭비하지 않는다는 것이다. 또 내가 만난 위대한 지도자들의 특징은 그들이 훌륭한 지도자가 되는 길의 책들을 많이 읽었고 그 책에서 말한 내용들을 그들의 삶에 적용하여 그것이 그들 삶의 습관이 되도록 반복적으로 쉬지 않고 되풀이해서 마침내 습관적으로 완벽하게 흘러나오게 했다는 것이다. 그들은 그러한 지도자에 관한 책을 택하여 매일 한 장씩 읽고 마음속에 되새기면서 그렇게 그 책 한권을 되풀이 하여 최소한 4번에서 5번은 읽어서 완전히 자기의 것이 되게 하였다. 당신이 생각하기에 그렇게 한 가지 주제로 일 년에 5

번씩이나 반복하는 것은 바보 같은 일이라고 생각하는가? 물론 당신의 말도 맞다. 그러나 확실한 것은 그들은 그렇게 미련하게 보이는 일을 반복함으로써 그 책에서 이야기 하고 있는 사실들은 온전히 그의 삶에 나타나도록 만들었고 그 일을 지루하지 않게 반복하였다.

어떤 사람이 나에게, "나는 나의 아내가 나를 위하여 수천 번의 식사를 준비하였지만 내가 특별히 그녀가 나를 위하여 훌륭하게 준비하였다고 생각하는 것은 몇 번에 불과하다."고 말한 것을 들은 적이 있다. 그의 말이 맞을 수도 있다. 그러나 그가 생각하는 그 수천 번의 평범한 식사가 그의 건강을 유지하게 만들었다. 이 이야기는 우리의 영혼의 양육에도 적용이 된다. 우리는 아마도 극히 적은 몇 권의 훌륭한 책을 읽을 수 있었고, 감동 받은 몇 편의 설교만 들을 수 있다. 그러나 우리가 읽은 평범한 많은 책과 우리가 생각할 때 극히 평범한 많은 설교들이 우리의 신앙을 유지시켜주고 발전시켜 주고 있다.

내가 이것을 당신에게 이야기하는 것은 당신을 격려하고 용기를 주기 위한 것이다. 당신이 전에 읽었던 책을 다시 읽는 것을 지루해 하지 마라. 읽고 또 읽고 거기에 쓰인 내용이 당신의 삶에 실제로 나타나기를 기도하라. 그리고 그 책안으로 더욱 깊이 들어가라. 그리고 하나님께 당신이 그 책에서 얻은 진리의 씨에 물을 뿌려주시기를 기도하라. 하나님은 그렇게 하실 것이다. 반복하고 반복하라. 반복은 기적을 만든다. 만약 여러분이 진정한 하나님의 말씀을 이 땅에 실천하여 많은 열매를 맺는 사람이 되기를 원한다면, 한 가지 사실을 반복하는 것을 지루해 하지 않고 기쁨으로 해야 한다.

당신은 이 땅에 하나님의 위대한 일을 나타내기 위하여 태어났다. 결코 이 축복의 사실을 잊지 말아라. 하나님이 당신에게 주신 과업을 매일 매일 반복하라. 당신이 같은 일을 되풀이 한다고 결코 시간을 낭비하는 것은 아니다. 당신이 이루어야 할 모든 일들은 중단 없는 훈련에서만 가능하다. 그리고 그 피나는 훈련의 양이 당신의 크기를 결정한다. 이제 당신은 하나님 안에서 새롭게 태어날 것이다. 그리고 당신의 삶을 통하여 사람들을 살리는 능력이 흘러나갈 것이다. 이제 그날이 가까이 다가오고 있다. 그 날을 붙들어라!

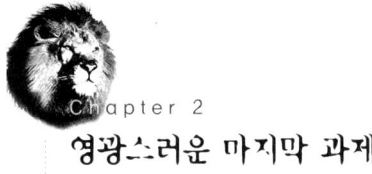

Chapter 2
영광스러운 마지막 과제

우리는 지금 지상의 역사가 경험하고 있는 것 가운데 가장 흥미 있는 세대에 접근하고 있다. 이 시대의 우리는 과거의 선지자들과 지혜자들이 보기를 간절히 소망한 것을 보게 될 것이다. 그리고 지금 그 현장에 와 있다. 이것은 우리에게 하나님이 주신 큰 은혜인 것이다. 지금 '**허다한 증인**(히브리서 12:1)'이 우리를 지켜보고 있다. 그들은 신실하게 이 땅에서 살다 주님 품에 갔으며 당신이 이제 그 하나님의 영광의 길을 걷도록 도와주신 분들이다.

우리는 예수님이 이 땅에 계셨을때 그분과 함께 동행하는 것보다 더 좋은 것이 있을지 의문을 가질 수도 있다. 그러나 분명한 것은 예수님이 승천하시기 전 내가 너희를 떠나는 것이 너희에게 더욱 유익한 것은 성령을 보내기 때문이라고 했다(요한복음 16:7 참조). 초대교회에 성령이 오셨을 때 그들은 육체로 성령과 동행했을 뿐 아니라 그들의 마음속에도 성령이 강하게 역사하였다. 이제 다가올 마지막 세대에도 성도들이 성령 안에서 깨어날 때 우리가 일찍이 경험해 보지 못한 놀라운 역사가 나타날 것이다.

이것이 마지막 시대를 사는 우리의 과제이다. 즉 살아계신 예수님이 우리의 삶속에 직접 나타나시게 하는 것이다. 이러한 삶을 살기위한 조건과 요소들이 성경에 이미 분명히 나와 있다. 하나님의 우리를 향한 근본적인 목적은 우리 모두가 신실한 성공적인 삶을 사는 것이다. 그러므로 진정한 성공적인 삶을 사는 것이 하나님의 뜻을 이루는 길이다. 이것이 우리가 해야 할 우리의 과제이며 이 과제는 하나님이 우리에게 주신 재능을 최대한 사용하며 하나님을 절대적으로 믿는 믿음을 통하여 이루어진다. 우리가 이 일을 잘 마쳤을 때 하나님은, "잘 하였도다 착하고 충성된 종아(마태복음 25:21)"라고 우리에게 말씀하실 것이다. 우리가 그날에 이 영광된 하나님의 임재 앞에 서서 하나님으로부터 이러한 말씀을 듣게 되면 얼마나 기쁠 것인가! 아마 세상에서 우리가 받은 어떤 영광도 이것과 족히 비교할 수 없을 것이다.

만약 우리가 이 영광된 자리에서 제외된다면 무척 비참할 것이다. 그러나 분명한 것은 당신은 이미 이 영광된 자리에 초대를 받았으며 이제 신실하게 그 사실을 믿으며 하나님께 복종하고 그의 영광과 성공을 바라보면서 힘차게 전진해야 할 것이다.

사도행전에 나타난 초대교회들이 크게 일어나서 세계를 바꾸는 힘을 발휘했던 이유는 하나님이 그들과 함께 하였기 때문이다. 그들은 매일 매일 하나님과 동행하였다. 하나님은 매일 매일 그들에게 전할 말씀을 주셨고 하나님은 그들 안에서 위대한 일을 행하셨다. 그 시대의 사람들은 하나님께서 그들을 통하여 놀라운 일을 하심을 알았고 이 일 때문에 사람들은 하나님에 대한 두려움을 갖게 되었다. 이러한 하나님의 능력을 소유한 사람들의 말씀과 삶으로 세상 사람들은 놀라워하였다. 그리고 이러한 하나님의 놀라운 역사는 다시 일어날 것이다.

하나님이 새로운 교회를 위하여 지도자를 선택할 때는 항상 목적을 갖고 택하신다. 그러므로 하나님으로부터 그분의 목적을 위하여 기름부음을 받지 않는 지도자는 교회에서 영적인 리더십을 발휘할 수 없다. 사람들은 그들의 지도자들이 하나님으로부터 기름부음을 받았는지를 알고 있다. 어떤 지도자들은 하나님의 기름부음이 없이 능력과 계획으로 사람들을 이끌려고 하지만 사람들은 그들을 따르지 않는다. 우리는 사람을 따르는 것이 아니라 우리가 따라야 할 분은 오직 한분 왕이신 하나님뿐이다.

우리의 권위는 우리가 왕이신 하나님과 함께 할 때 나오는 것이다. 그래서 하나님의 임재와 동행은 영적 지도자에게 매우 필요한 것이다.

1세기 초대교회에서 성도들이 추구하였던 것은 오직 하나님 한분 뿐이었다. 그리고 그들이 진정으로 필요한 것도 하나님 한분 뿐이었다. 주님은 늘 그들의 삶의 한가운데 계셔서 함께 생활하시고, 능력을 행하시고, 가르치시고, 위로하시고, 필요한 것을 제공하셨다. 그들은 오직 주님만 증거하고 따랐다. 사람들은 어부들이나 세리들이나 교육받지 못한 사람을 따른 것이 아니라 그들의 신분에 관계없이 주님이 함께하신 어부와 세리와 죄인들을 따른 것이다. 주님만이 능력을 소유한 분이었다.

예수님은 그의 첫 번째 12제자를 선택하실 때 그들의 신분이나 능력을 본 것이 아니고 온전히 그에게 의지한 사람을 택하였다. 제자들은 주님이 함께하시지 않으면 사람들을 인도하거나 가르치지 않았다. 그들은 주님이 함께 하시지 않으면 어떠한 계획도 시도하지 않았다. 주님이 그들과 함께하지 않으면 그들은 아무런 힘도 능력도 나타내지 못하였다. 이것이 오늘날의 교회가 회복해야할 매우 귀중한 사실이다. 즉 주님의 임재가 없이는 한발 자국도 움직이지 말아야하며, 주님의 임재가 교회에 있기를 간절히 기도해야한다. 이것이 오늘의 교회가 되돌아 가야할 현주소이다.

만약 성전 안에 하나님이 계시지 않는다면 어떻게 우리가 그 성전을 영광스러운 하나님의 성전이라고 부를 수 있는가? 만약 하나님이 성전에 계시면 우리가 그 성전을 보기에 아름답다거나 훌륭하다고 평가하는 것과 전혀 상관없이 그곳에는 하나님의 영광이 임하여 있다. 하나님의 임재가 성전의 목표이며, 성소는 하나님이 지상에 머무르시는 장소이다.

성경에 처음 쓰여 있는 가장 중요한 두 단어는, "**태초에 하나님**(창세기 1:1)"이다. 태초에 하나님이 모든 것을 창조하셨다. 교회도 마찬가지로 하나님이 시작하셨다. 그러나 오늘날 많은 교회들이, '태초이후에 인간이'라고 생각하면서 교회의 시작을 하나님에서 인간으로 바꾸어 생각하는 오류를 범하고 있다. 그러나 새로운 창조와 새로운 교회의 시작은 사람이 하는 것이 아니고 하나님이 함께하고 임재할 때만 가능하다. 교회는 사람을 위하여 있는 것이 아니고 하나님의 임재의 장소로 있는 것이다. 인간이 에덴동산에서 죄를 범한 후에 잃어버렸던 것은 하나님과의 친밀함이다. 그리고 이것은 인간이 반드시 예수 그리스도안에서 회복되어야만 할 요소이다. 그리고 이 회복의 길은 예수님께서 우리에게 이미 만들어 놓으셨다. 성소 휘장은 갈라졌으며 누구든지 하나님의 임재에 다가갈 수 있다. 그리고 그분과 더욱 친밀해질 수 있고 그분과 동행할 수 있다. 그리고 그분의 임재의 장소에 들어갈 수 있다.

그러나 여기에 위험이 도사리고 있다. 교회는 에덴동산의 이브처럼 금지된 선악과를 먹을 수 있는 가능성에 열려있게 된다. 많은 교회들이 이브처럼 선악과를 먹게 되고 자신의 부끄러움을 보면서 하나님으로부터 숨게 된다. 그리고 하나님의 임재보다는 형식적 예배에 몰두하게 된다. 하나님은 이것을 이미 그의 예언자들을 통하여 말씀하셨다. 즉 하나님께서, '**마지막 아담**(고린도전서 15:45)'을 보내어 그의 신부인 타락한 인간을 회복시키고 그 신부는 예수님과 함께 세상을 지배할 것이라는 사실이다. 하나님의 회복은 지난 수백 년 동안 인류의 역사 안에서 진행되어 오고 있었다. 그리고 그 회복은 지금도 진행되고 있다. 그리고 시간은 이제 마지막 단계에 오고 있다. 그러나 여기에 또 다른 일들이 일어날 가능성이 있는데 그것은 어느 날 갑자기 주님이 그의 교회에 오셔서 그의 강력한 임재를 통하여 모든 것을 한꺼번에 바꾸어 놓으신다는 사실이다. 그것도 매우 빨리 즉 오순절의 급하고 강한 바람처럼 우리의 시대에 임하신다는 것이다.

우리는 반드시 거듭나야 한다.

지금은 교회가 다시 한 번 거듭나야 할 때이다. 우리는 반드시 처음으로 되돌아 가야한다. 많은 사람들은 우리가 처음으로 돌아가야 한다는 것을 들어왔다. 그리고 그 처음으로 돌아간다는 것을 초대교회로 돌아간다고 인식하고 있다. 물론 이 말도 일리는 있다. 그러나 우리는 교회가 아닌 하나님에게로 돌아가야 하고 하나님이 거하고 계시는 성소로 돌아가야 한다.

만약 하나님이 실재로 이 땅에 나타나셔서 우리와 함께 살아있는 성전을 지으신다면 아마 우리가 지금 교회에서 하고 있는 프로그램들은 많은 혼선을 빚을 것이다. 나의 친구중에 하나는, "만약 하나님이 오늘 우리교회에 오시지 않으면 우리는 참 좋은 교회 프로그램을 진행할 수 있을 것입니다."라는 제목으로 설교를 했다. 그 제목을 들은 많은 사람들은 깜짝 놀랄 것이다. 그러나 그것은 오늘날 우리의 교회를 대변한 매우 솔직한 표현이다.

우리는 사람들을 즐겁게 해주고 사람들의 관심을 끌게 하는 기법을 배우고 있고 실제적으로는 하나님의 방법이 아닌 것을 하나님의 방법이라고 믿고 교회에서 실행하고 있다. 이것은 하나님이 예레미야에게도 말씀하셨던 것처럼 그분의 방법이 아니었다.

> 내 백성은 잃어버린 양 떼로다. 그 목자들이 그들을 곁길로 가게 하여 산으로 돌이키게 하였으므로 그들이 산에서 작은 산으로 돌아다니며 쉴 곳을 잊었도다 (예레미야 50:6)

이것은 오늘날 교회의 모습을 가장 잘 나타내고 있고 또한 지난 수백 년 동안 교회가 걸어온 잘못된 길이다. 산에서 언덕으로 언덕에서 골짜기로 다시 산으로 이렇게 쉼 없이 끌려 다녀왔다. 그들은 하나님과 진정한 친밀한 관계를 이룰 수 있는 쉼의 장소를 찾지 못하고 끝없이 옮겨 다닌 것이다. 이것이 오늘날의 교회가 열정을 잃고 미지근하게 되어가는 가장 큰 이유이다. 사람들은 하나님과 연관이 없는 계획이나 달콤한 사업 등에 몰두해 있다. 그들은 항상 하나님을 위하여 일한다고 부르짖지만 결국은 자신들을 위하여 일하고 있다. 우리는 우리가 갖고 있는 모든 것을 동원하여 교회를 지으려고 하지만 그러나 교회의 기초가 되는 것은 주님 한분뿐이다. 우리는 사람의 지혜와 노력으로 세우려는 교회는 결코 무너질 수밖에 없다는 많은 증거들을 갖고 있다.

계시록 3장 20절에서 예수님께서 그의 교회의 문밖에서 문을 두드리며 들어가시기를 원하는 장면을 볼 수 있다. 예수님은 온유한 분이시다. 그는 신부의 집에 강압적으로 들어가려고 하시지 않는다. 예수님을 기초로 성전을 짓는다는 것은 예수님에 대하여 단순히 가르치는 것이 아니라, 예수님을 삶속에서 느끼게 하는 것이다. 그것은 단순히 예수님을 내 안에 초대하는 것을 넘어서 예수님이 내안에 들어와 나를 새롭게 짓게 하는 것이다(히브리서 3:3-6 참조).

오늘날 우리가 우리주변에서 매우 매력적인 사람을 보았을 때 그들을 오직 예수님만으로 변화시켜 새사람을 만드는 것은 매우 힘들다는 것을 안다. 그래서 그들에게 직접 예수님에 관한 것은 제공하지 않고 그들이 매우 흥미를 끌 수 있는 프로그램으로 접근한다. 그리고 그 프로그램들은 믿음과는 약간의 거리가 있는 것들이다. 그리하면 그들은 우리의 프로그램에 흥미를 느끼고 빨려들어 올 것이다. 그러나 그들이 과연 그것으로 예수님을 만날 수 있을까?

중세시대에 신실한 영적지도자였던 한사람이 교회가 물질을 치부하는 것을 보고, "이제 교회는 더 이상 은과 금은 내게 없다고 할 수 없다."고

외쳤다. 그러면서 이어서, "교회는 더 이상 예수 그리스도의 이름으로 일어나 걸으라고 말할 수 없다."라고 통분했다. 1세기 초대교회에는 하나님이 그들과 실제로 임재하신 수많은 증거들이 있다. 그들이 행하였던 수많은 일들이 인간의 지식과 능력에서 나온 것이 아니라 하나님의 능력으로 나타났다. 초대교회는 건물도 없고 프로그램도 없었다. 그러나 그들은 사람들을 변화시켰고 가족들을 변화시켰고, 더 나아가 나라를 변화시켰다.

하나님은 지금까지 계속적으로 많은 일과 거룩한 운동들을 축복하셨다. 그분은 실제로 소수의 사람들에게 직접 나타나셔서 그분의 계획을 보여주셨다. 그러나 실제로, "주님이 그들과 함께하십니다."라고 말할 수 있는 교회는 극히 소수에 불과하다. 우리가 '하나님이 거하시기를 원하는 성전이 어디에 있는가' 찾아보는 것은 매우 흥미 있는 일이 아닌가?

만약 사람들에게 흥미로운 성전이 아니라 하나님의 관심을 끄는 성전이 있다면 어떤 모습일까 궁금하지 않는가?

고린도후서 3:7-8에 보면 우리에게 매우 도전적인 이야기가 써있다.

> 돌에 써서 새긴 죽게 하는 의문의 직분도 영광이 있어 이스라엘 자손들이 모세의 얼굴의 없어질 영광을 인하여 그 얼굴을 주목하지 못하였거든 하물며 영의 직분이 더욱 영광이 있지 아니하겠느냐

여기서 바울은 우리가 앞으로 경험할 영광은 구약시대에 모세가 경험한 영광과 족히 비교할 수 없다고 했다. 모세는 그의 얼굴에서 나타난 빛이 너무 강하여 사람들이 두려워할까 염려되어 얼굴을 베일로 가렸다고 했다. 당신 주변에 이러한 주님의 영광이 강하게 나타난 사람이 있는가?

초대교회의 사도들은 대부분 이러한 하나님의 영광가운데 생활하였고 하나님의 강력한 임재가운데 거하였다. 사도행전 5장 15절에 보면 사람들은 베드로의 그림자만 만져도 그들의 병이 치유되었다. 사람들이 바울의 손수건을 만졌을 때 그들의 병이 치유되었다. 바울과 실라가 옥에 갇혔으나 그들의 착고가 풀리고 옥문이 열리는 사건을 보고 온 성읍이 놀라는 일도 있었다. 바울이 귀신을 몰아 냈을 때 귀신이, "**나는 예수를 안다. 그리고 바울도 안다**(사도행전 19:15)."하면서 외치며 달아났다. 이 사도들은 세상에 널리 알려졌고 지옥에도 알려졌으며, 더욱 귀한 것은 하늘에도 그들이 알려졌다는 것이다.

초대교회가 모세가 누린 영광보다 더 큰 영광에 거하였다는 것은 재론의 여지가 없다. 분명한 것은 다가올 우리의 세대가 누릴 영광은 구약의 시대와 초대교회가 누린 영광보다 더 거대할 것이다. 내가 얼마 전에 다음과 같은 글을 쓴 적이 있다.

> *다가올 우리의 시대에는 하나님의 능력이 강하게 역사하여 어린아이가 병원 건물에 손을 대고 안수할 지라도 병원 안에 입원해 있는 모든 병자들이 낫게 될 것이다. 그런데 나는 최근에 제 3세계 나라에서 한 선교사가 어느 조그만 마을의 병원에서 실제로 이러한 일이 발생한 보고를 들은 적이 있다.*

이 보고서는 나를 매우 기쁘고 흥분하게 만들었다. 그러나 이것은 마지막 시대에 나타날 일의 시작에 불과하다. 이제 우리는 이러한 기적을 부강한 나라의 대도시 큰 병원에서 일어나 세계 모두가 알게 되는 날이

올 것이다.

구약시대에 있었던 선지자들은 이스라엘에 일어날 일과 일어나고 있는 모든 일들을 알았다. 그래서 그들은 왕들에게 비록 왕이 궁정에서 은밀히 나눈 이야기도 그들은 모두 알고 있다고 왕들에게 알렸다. 이제 마지막 날에 이러한 일이 우리들에게도 나타날 것이다. 하나님의 선지자들은 세상의 지도자들에게 당신들이 하나님의 선지자들에게 숨길 수 있는 것은 아무것도 없다고 강하게 선포할 것이다.

그래서 구약시대 선지자들은 하나님께서 그들에게 계시하지 않은 일들이 일어나면 매우 놀랐다. 그리고 그들은 어떤 특별한 이유가 있어서 하나님께서 그들에게 계시를 감추셨다고 생각했다. 오늘날에는 우리가 큰 사건이 일어날 것을 예언하고 실제적으로 그 일이 일어나면 사람들은 놀란다. 그러나 다가올 세대에 나타날 예언사역에는 감추어진 것이 하나도 없이 드러날 것이다. 우리 속에 나타난 하나님의 눈이 모든 것을 하나도 남김없이 볼 것이다.

구약시대에는 선지자들이 하늘로부터 불을 불러내려 하나님이 그들과 함께하심을 증명하였다. 그리고 그 불은 그들에게 대적하는 자들을 태워버렸다(열왕기하 1장 참조). 다가올 세대의 선지자들도 그들이 섬기는 하나님의 전능함을 나타내기 위하여 하늘에서 불을 불러 내릴 것이다. 그 불은 그들을 대적하는 자들을 삼키지 않고 구원할 것이다.

물론 사탄은 하나님의 하시는 모든 일에 거짓위조 하려고 시도할 것이다. 그러나 애굽의 마술사들이 하나님의 능력에 무릎을 꿇었듯이 결국에 마귀는 굴복하게 될것이다(출애굽기 14:21 참조). 하나님은 그 분이 세상에서 가장 강력한 분이라는 것을 나타낼 것이다. 모세는 애굽의 이방신들을 무너뜨렸고 홍해를 갈라 하나님의 백성을 자유의 길로 인도하였다 (출애굽기 14:21).

이 시대에도 영적인 지도자들이 다시 일어나 세상의 우상을 부술 것이다. 그리고 사람들을 영적 자유의 바다로 이끌 것이다. 아직도 홍해가 갈린 사건은 이 시대에 주님을 섬기는 영적지도자들에게는 매우 놀라운 하나님의 기적으로 남아있다. 그리고 그러한 강력한 하나님의 역사는 다시 우리에게 나타날 것이며, 그 역사는 세상의 임금과 권력자들을 압도할 것이다.

모세는 하나님을 얼굴과 얼굴로 대면하였다(출애굽기 33:11 참조). 신약인 우리의 시대에도 구약시대처럼 하나님은 얼굴과 얼굴로 우리를 대하실 뿐 만 아니라, 우리 가운데 거하실 것이다. 이것이 바울이 골로새서 1장 25절에서 29절에 말한것처럼, 사도적 사역의 명령을 온전하게 이해한 리더쉽을 가진자가 세워지게 될 것이다.

> 내가 교회 일꾼 된 것은 하나님이 너희를 위하여 내게 주신 경륜을 따라 하나님의 말씀을 이루려 함이니라 이 비밀은 만세와 만대로부터 옴으로 감취었던 것인데 이제는 그의 성도들에게 나타났고 하나님이 그들로 하여금 이 비밀의 영광이 이방인 가운데 어떻게 풍성한 것을 알게 하려 하심이라 이 비밀은 너희 안에 계신 그리스도시니 곧 영광의 소망이니라 우리가 그를 전파하여 각 사람을 권하고 모든 지혜로 각 사람을 가르침은 각 사람을 그리스도 안에서 완전한 자로 세우려 함이니, 이를 위하여 나도 내 속에서 능력으로 역사하시는 이의 역사를 따라 힘을 다하여 수고하노라

마지막 세대에 나타날 교회에는 하나님의 많은 표징들이 나타날 것이다. 그러나 그들에게 가장 대표적으로 나타날 것은 하나님이 그들 안에 계심을 드러내는 것이다. 교회는 셀 수 없는 수많은 사람들을 치유하고, 자유케하며, 회복시키고, 변화시킬 것이다. 그 일은 마치 예수님이 2000년 전에 이 땅위를 걸으셨을 때 하신 사역들과 동일하다. 이 교회들은 예수님이 하셨던 일보다 더 큰 일들을 할 것이다. 그 이유는 그분은 지금 승천하셔서 보좌에 앉아서 모든 능력과 권위를 가지고 세상을 지배하시고 계시기 때문이다.

천국의 복음은 세상 끝 날이 오기 전까지 온 세계에 전파되어야 한다고 예수님은 말씀하셨다. 그리고 그 복음은 아직 세계 끝까지 전파되지는 못하였다(마태복음 24:14 참조). 지금 그분이 이 사명을 감당할 일군을 준비하고 계신다. 이 복음은 말로만 표현되는 것이 아니고 능력을 겸하여 가지고서 하나님의 나라가 이 세상의 어느 나라보다 강력함을 증거할 것이다. 만약 당신이 이 땅에 살아있다면, 당신은 이 사역을 위하여 부름 받은 것이다. 우리는 하나님의 영광이 우리가운데 나타나기를 열망하며, 그 영광은 바로 우리 안에 예수님이 나타나는 것이다. 그리고 이 영광은 우리가운데 곧 나타날 것이다.

초대교회 이후로 지금까지 많은 성도들과 교회들이, '사도행전에서 나타났던 하나님의 강력한 역사'가 다시 재현되기를 갈망하고 기도하고 있다. 그러나 사도행전에서 나타났던 하나님의 역사는 전 세계 가운데 극히 적은 지역에서 나타났다. 그리고 극히 소수의 신자들에게만 나타났다. 만약 우리가 사도행전에 나타난 역사를 믿음으로 받고 그리고 그것이 우리의 시대에도 재현되기를 간절히 소망하면 하나님은 우리의 시대에 분명 그 일을 행하실 것이요 이제는 이스라엘에 국한 된 것이 아닌 전 세계에 사도행전의 사역이 나타나게 될 것이다. 아직도 아무도 요한복음 14장 12절에 주님이 예언한 사실이 우리 가운데 온전히 이루어졌다고 믿지 않는다. 주님은 요한복음 14장 12절에서, "**내가 진실로 진실로 너희에게 이르노니 나를 믿는 자는 나의 하는 일을 저도 할 것이요 또한 이보다 큰 것도 하리니 이는 내가 아버지께로 감이니라.**" 아직은 마지막 날이 오기 전이므로 이제 곧 이 말이 진실임을 입증할 때가 올 것이다. 놀라운 사실은 이러한 큰일들이 이제 막 새로 믿기 시작한 성도들에게서 일어날 것이라는 사실이다. 이제 마지막 시대의 교회의 사도들과 선지자들은 다가올 강력한 능력의 시대를 주도할 것이다.

1987년 나는 최소한 이틀 반나절을 하나님과 더불어 예언 사역에 몰입된 경험이 있었다. 이때 나는 이전까지 내가 경험해 보지 못한 그리고 들어보지도 못한 놀라운 경험을 했다. 하나님이 놀라운 환상을 영상처럼 나에게 계속적으로 보여 주셨다. 나는 이 환상에서 수많은 영혼이 천국에 모여 있는 것을 보았다. 그리고 그것은 이미 우리의 시대에 이루어졌다. 나는 이 사실에 대하여 이미 나의 저서 「추수」에서 언급한 적이 있다. 마지막시대에는 오순절 시대부터 지금까지 예수님께 나아온 숫자보다 더 많은 숫자가 주님께 나아오게 될 것이다.

물론 오늘의 시대의 인구는 지난 2000년동안 이 지구상에 살았던 수보다 많다. 그렇지만 이 마지막 추수의 계절에는 더욱 많은 사람들이 주님의 능력을 보게 되고 주께 나오게 될 것이다. 어떤 자료에 의하면 전세계적으로, 매일 20만에서 40만의 사람들이 주님을 영접하고 하나님의 나라로 돌아오고 있다고 한다. 제 3세계인 남아메리카와 중앙아메리카 그리고 아프리카지역에서는 새로 태어날 아이보다, 주님을 영접한 사람들이 더 많아 지고 있다.

오늘날 세계 각 지역에서는 거대한 부흥의 파도가 밀려오고 있다. 그리고 우리는 그 파도가 점점 그 강도를 더하고 있는 것을 느끼고 있다. 나의 저서「추수」에서도 언급하였듯이 이것이 우리에게 다가온 첫 번의 파도는 아니다. 나는 이 첫 번 파도를 보았다. 그것은 매우 대단한 것이었다. 그리고 사람들은 이 거대한 파도를 보며 세상의 마지막이 다가오는 추수의 계절이라고 있다고 생각한다. 그러나 이것이 마지막이 아니다. 이제 주님의 택함 받은 추수꾼들이 거대한 추수를 거두어 드릴 마지막의 시대가 다가올 것이다.

나는 이것에 관하여도 쓴 적이 있다. 이 두 거대한 파도사이에는 고요한 정적의 기간이 오는데 바로 이 기간이 다가올 마지막 파도를 준비할 사역자들이 훈련받고 준비하는 기간이다. 우리는 지금 우리세대의 마지막 시대를 살고 있다. 이제 마지막 파도가 곧 다가 올 것이다. 이제 우리는 그 파도의 물을 곧 마실 수 있을 것이며 그 날이 바로 우리 곁에 있다.

Chapter 3
어떻게 우리는 그곳에 도달 할 수 있는가?

초기 1200년 동안의 교회의 역사를 보면 교회는 베드로의 자리에 앉아만 있었다. 교회가 살아 움직이기 보다는 하나의 기관이고 조직으로써 무사 안일하게 지냈다. 그 시대에는 베드로의 사역과 말씀만 따르고 재현하였다. 이것은 교회발전에 큰 잘못이었다. 교회의 갱신은 교회가 바울서신을 재해석 하면서 시작되었다. 그러나 그 후에 교회의 주된 관심은 바울 신학을 연구하는 것이었다. 그래서 바울이 신약시대의 교회를 세운 위대한 사람으로 추앙받게 되었다. 그래서 바울은 신학을 정립한 사람의 경지를 넘어서 진정한 기독교의 설립자로 인정받게 되었다. 그러나 우리가 기억해야 할 것은 바울은 교회의 초석이 아니다. 교회의 초석은 예수 그리스도이다. 교회 개혁이후 우리는 바울을 예수님의 대변자로 받들었다. 이것은 잘못이다. 기독교가 가르쳐야 할 진리는 바울의 신학이 아니라 예수그리스도와 그의 가르침이다.

나의 이 말은 바울서신을 경시여기거나 경전으로서 가치가 없다는 말이 아니다. 문제는 우리가 어디를 기초로 우리 신앙의 믿음을 쌓아올려 가야하는가 하는 문제이다. 만약 우리 신앙이 예수님을 반석으로 세우지 않으면 우리의 믿음과 신앙은 잘못 성장하고 우리의 삶에 잘못 적용될 것이다. 다시 말하면 우리가 예수님의 가르침을 예수님이 아닌 다른 신학자나 다른 현명한 지식인에게 의지하여 해석하면 우리는 예수님의 가르침을 왜곡 되게 만들 것이다.

바울의 가르침은 우리에게 하나님 나라에 대한 좀 더 구체적이고 깊은 이해를 준다. 그러나 그의 가르침은 대부분 교회에서 일어나는 실제적인 일들과 신학 교리의 기본 문제들을 다루고 있다. 교회는 분명 하나님 나라의 일부이다. 그러나 교회가 하나님 나라의 전부는 아니다. 우리가 예수님의 가르침을 분석해 보면 그의 가르침은 온전히 하나님나라에 집중되어 있다. 그리고 교회에 대한 언급은 지극히 적은 부분을 차지하고 있다. 우리가 교회를 이러한 관점에서 보지 않으면 우리는 예수님 중심의 사역보다는 교회중심의 사역으로 빠져 들어가기 쉽다.

만약 교회가 자기중심으로 빠져들어 갈 때 교회는 교회에 나타날 하나님의 영광의 능력을 상실하게 될 것이다. 그리고 교회가 주님의 영광에서 영광으로 들어갈 수 있는 귀중한 기회를 놓쳐버리게 될 것이다. 그렇게 되면 교회는 하나님 나라의 왜곡된 관점을 가지게 될 뿐만 아니라 세상과 교회의 관계도 삐뚤어진 관점을 견지 할 수 있다.

한덩어리의 빵

많은 사람들이 복음서에 대하여 생각하기를 복음서는 새롭게 하나님을 믿는 사람들에게 주는 우유와 같은 것이고 그들이 성숙하면 사도들이 쓴 서신을 가르쳐야한다고 생각한다. 그러나 이것은 매우 잘못된 판단이다. 신약성서 가운데 하나님의 계시의 말씀이 가장 깊게 나타난 곳이 바로 복음서이다. 그리고 복음서의 가르침은 바로 주님이신 예수님이 직접 우리에게 주신 것이다. 복음서에 나타난 모든 비유와 기적들은 우리에게 아직도 거기에 대한 깊은 이해와 해석을 기다리고 있다. 그런 의미에서 요한복음 6장은 복음서의 모든 말씀가운데 가장 중심적인 메시지와 계시를 포함하고 있다. 나는 그중에 하나는 지금 우리의 시대를 계시하고 있다고 생각한다.

요한복음 6장은 수많은 군중이 예수님을 따르면서 시작된다. 사람들은 예수님이 행하신 기적을 보고 예수님을 따랐다(2절 참조). 그때는 유월절이었다. 하나님은 예수님을 유월절의 희생양으로 세상에 보내셨으며 그분은 사람들을 구원의 상징으로 먹이셨다. 우리가 보통 잊어버리고 있는 사실 가운데 하나는 주님이 우리에게 보여주신 상징은 항상 그 안에 큰 의미를 내포하고 있다는 사실이다. 예수님이 행하신 모든 기적은 그 기적 안에 항상 메시지가 있다. 그러므로 예수님께서 오천 명을 먹이신 기적은 단순한 오천 명을 먹이신 기적의 뒤편에 영혼을 먹이시는 예수님의 깊은 사랑이 담겨있다.

예수님이 오천 명을 먹이신 후 호수 다른 편으로 가셨을 때 사람들이 예수님을 찾아갔다. 그때 예수님은 그를 찾는 사람들을 향하여, "너희는 왜 내가 너희에게 보여준 표적 때문 보다 내가 너희에게 준 떡 때문에 나를 찾느냐?"고 꾸짖으셨다(26절). 그리고 그는 사람들을 향하여 매우 중요한 말씀을 전하셨다. "나는 하늘로부터 너희를 위하여 내려온 떡이다. 만약 너희가 나를 택하지 않으면 너희에게는 생명이 없다."고 말씀하셨다. 예수님께서 이 말씀을 하실 때 제자들도 그 말씀을 이해하지 못하고 주님 곁을 떠났다. 요한복음 6장 66절에 이 장면을 아래와 같이 이야기하고 있다. "이러므로 제자 중에 많이 물러가고 다시 그와 함께 다니지 아니하더라."

요한복음 6장에는 많은 진리들이 담겨있다. 그러나 가장 중요한 주제는 많은 사람들이 예수님의 기적을 보고 따랐다는 사실이고 그가 준 떡 때문에 더욱 많은 사람이 따랐다는 것이다. 그러나 그에게서 기적이 나타나는 횟수가 줄고 떡을 나눠 주지 않을 때 제자들을 포함하여 거의 대부분의 사람들이 그를 떠났다.

만약 우리의 교회가 많은 사람들이 모이는 데만 관심을 집중한다면, 우리는 표적이나 기적이나 하나님께서 내려주실 축복의 대해서만 설교하면 될 것이다. 그러면 분명 많은 사람들이 몰려들 것이다. 이러한 것이 잘못되었다는 것은 아니다. 이것은 분명히 성경에 기록된 사실이다. 그러나 사람들이 이러한 기적과 축복 때문에 하나님을 따르게 되면 우리의 믿음은 잘못된 기초위에 서게 되고 물질과 기적이 우리의 우상이 되어 버린다. 우리는 하나님의 표증과 기적을 설교하기를 원하며, 하나님의 축복을 보기를 원한다. 그러나 그것보다 먼저 하나님 아는 일에 집중하여야하며 하나님과 하나가 되는 일에 더욱 관심을 쏟아야한다.

표적과 기사, 하나님의 공급하심은 각각 하나가 개별적인 진리이다. 그러나 우리가 이러한 것 위에 우리의 믿음을 쌓아올리면 주님이 오시는 날 모든 것이 무너져 내릴 것이다. 예수님이 우리에게 주셨던 떡은 개별적인 진리에 해당한다. 사람들이 그 떡을 먹은 후에 무엇이 남았는가? 부스러기가 남았다. 그때 예수님은 사람들에게 자신이 진정한 떡이라고 이야기 하셨다!

우리는 절대 교회를 개별적인 진리위에 세워서는 안 된다. 우리는 진리의 원천이신 예수님과의 진정한 관계위에 교회를 세워야 한다. 우리가 개별적인 진리는 전체의 진리의 한 부분으로만 여기고 도입할 때 그 진리가 우리를 분리시키지 않을 것이다. 어떤 진리이든지 간에 우리를 예수님과의 친밀한 삶의 관계로부터 분리하려 하면 그것은 분란의 영이다. 이것에 대하여 성경은 자세한 말씀들을 우리에게 전하여 주고 있다.

> 옛적에 선지자들로 여러 부분과 여러 모양으로 우리 조상들에게 말씀하신 하나님이 이 모든 날 마지막에 아들로 우리에게 말씀하셨으니 이 아들을 만유의 후사로 세우시고 또 저로 말미암아 모든 세계를 지으셨느니라 (히 1:1-2)
>
> 너희가 성경에서 영생을 얻는 줄 생각하고 성경을 상고하거니와 이 성경이 곧 내게 대하여 증거하는 것이로다 (요 5:39)
>
> 하나님의 약속은 얼마든지 그리스도 안에서 예가 되니 그런즉 그로 말미암아 우리가 아멘 하여 하나님께 영광을 돌리게 되느니라 (고후 1:20)

우리가 하나님의 약속을 개인적인 것으로 받아들이고 하나님께 온전히 복종하지 않으면, 하나님의 약속이 우리에게 우상이 되어버리고 하나님 자신이신 생명나무로부터 우리가 멀어져 혼란하게 만든다. 어떤 개별적인 진리나 심지어 교회까지도 우리에게 하나님의 약속으로 인도하지 못한다. 하나님의 약속의 소유는 오직 예수님 안에서만 가능하다.

나는 「동산에 있는 생명나무」라는 책을 썼다. 그 책은 20년 전에 쓴 나의 첫 책이다. 그 책에서 매우 중요한 내가 경험한 진리를 피력했다. "하나님의 아들은 지금도 쉴 만한 장소를 찾고 계시며, 그가 머리가 될 수 있는 장소를 찾고 계신다."이것이 내가 첫 번 책에서 강조한 주제이다. 그리고 사람들은 나에게 너의 첫 책이 가장 좋다고 이야기 한다. 나는 그 책이 가장 훌륭하다는 객관적인 자료는 없다. 그러나 내가 생각하기는 내가 이제까지 쓴 책 가운데 이 책이 가장 중요한 메시지를 담고 있다고 믿는다. 그리고 이 책이 우리 출판사에서 출판한 책 가운데 지난 20년 동안 가장 잘 팔리는 책이 된 것에 대하여 매우 기쁘게 생각한다. 세상의 모든 것은 우리를 위하여 있지 않고 예수님을 위하여 존재한다. 세상의 모든 창조물은 예수님을 위하여 지어졌으며, 하나님의 궁극적 목적은 세상의 모든 것이 하나님께로 모아지는 것이다. 우리가 세상의 모든 것을 가슴에 안고 하나님을 보면, 우리 안에 있는 세상이 전혀 다른 모습으로 우리에게 다가온다.

우리가 성전을 지을 때 어떻게 하면 사람들에게 관심을 갖게 할까? 하고 생각하기 보다는 어떻게 하면 하나님이 보시기에 아름답게 지을까? 라고 생각하면 우리는 바른 길로 가고 있는 것이다. 우리가 추구해야 할 것은 그리스도가 교회의 중심이 되게 해야 한다. 주님이 교회의 기초가 되게 해야 하고 주님이 교회의 머리가 되게 하여야한다. 우리의 목적은 사람에게 권위를 갖게 하는 것이 아니라 모든 권위가 주님으로부터 흘러나오게 하고 그 주님의 권위가 사람을 지배하게 해야 한다. 우리는 왕이신 예수님이 세우신 천국을 선포해야한다.

교회 기초의 첫 돌

여기에서 나는 나의 첫 저서에서 썼던 것을 되풀이 하고자 한다. 예수님은 이 땅에 이미 하나님이 계시하는 방법으로 오셨다. 이것은 지금도 마찬가지이다. 마태복음 16:13-18에 의하면 첫 번째 되는 돌이 교회의 터전위에 세워지고 모든 것이 그 위에 쌓이게 된다.

> 예수께서 가이사랴 빌립보 지방에 이르러 제자들에게 물어 가라사대 사람들이 인자를 누구라 하느냐, 가로되 더러는 세례 요한, 더러는 엘리야, 어떤 이는 예레미야나 선지자 중의 하나라 하나이다. 가라사대 너희는 나를 누구라 하느냐? 시몬 베드로가 대답하여 가로되 주는 그리스도시요 살아계신 하나님의 아들이시니이다. 예수께서 대답하여 가라사대 바요나 시몬아 네가 복이 있도다 이를 네게 알게 한 이는 혈육이 아니요 하늘에 계신 내 아버지시니라. 또 내가 네게 이르노니 너는 베드로라 내가 이 반석 위에 내 교회를 세우리니 음부의 권세가 이기지 못하리라 (마16:13-18)

교회의 반석은 교회에 주신 하나님의 계시이다. 교회는 하나님이 각 개인에게 주신 계시위에 세워져야한다. 다른 사람들이 이야기하는 하나님의 계시위에 교회를 세우는 것이 아니고 우리 각자에게 주신 하나님의 계시로 교회를 세우는 것이다. 아마도 솔로몬이 성전을 세우고도 그 성전에 신실하지 못하였던 것은 그는 자신의 성전을 세운 것이 아니고 아버지 다윗의 비전으로 성전을 세운것 때문이다. 교회에서 성도들 한분 한분이 모두 소중하다. 그들이 갖고 있는 하나님의 계시와 비전이 서로 합하여 교회를 만들어 가야한다. 그리고 각자가 갖고 있는 하나님과의 친밀한 관계들을 서로 모아서 하나가 되게 한 그 결정체가 교회여야 한다.

베드로가 예수님에 대한 그의 계시를 표현한 후 그들은 변화 산으로 불려갔다. 이것은 우리 교회의 지도자들이 가져야만 하는 두 번째로 중요한 계시의 말씀이다. 그리고 그것은 우리에게도 매우 중요한 말씀이다.

> 엿새 후에 예수께서 베드로와 야고보와 그 형제 요한을 데리시고 따로 높은 산에 올라 가셨더니, 저희 앞에서 변형되사 그 얼굴이 해 같이 빛나며 옷이 빛과 같이 희어졌더라. 때에 모세와 엘리야가 예수로 더불어 말씀하는 것이 저희에게 보이거늘, 베드로가 예수께 여짜와 가로되 주여 우리가 여기 있는 것이 좋사오니 주께서 만일 원하시면 내가 여기서 초막 셋을 짓되 하나는 주를 위하여, 하나는 모세를 위하여, 하나는 엘리야를 위하여 하리이다. 말할 때에 홀연히 빛난 구름이 저희를 덮으며 구름 속에서 소리가 나서 가로되 이는 내 사랑하는 아들이요 내 기뻐하는 자니 너희는 저의 말을 들으라 하는지라. 제자들이 듣고 엎드리어 심히 두려워하니 예수께서 나아가 저희에게 손을 대시며 가라사대 일어나라 두려워 말라 하신대 제자들이 눈을 들고 보매 오직 예수 외에는 아무도 보이지 아니하더라 (마 17:1-8)

이 본문을 살펴보면 처음에 제자들은 예수님이 영광가운데 변화하여서 모세와 엘리야와 함께 이야기 하는 것을 보았다. 모세와 엘리야는 율법과 선지자를 상징한다. 그리고 이 이야기는 예수님은 선지자이시며 율법의 완성자 이심을 상징한다. 예수님을 바라보면 베드로가 먼저 생각한 것은 빌딩이었다. 그래서 그는 여기에 초막 셋을 짓자고 했다. 그때 하나님은, "이 사람은 나의 사랑하는 아들이다. 너희는 그의 말을 들을 지어다!"라고 선포하셨다. 그리고 그들은 얼굴을 땅에 묻고 두려워했다고 했다. 그들은 하나님으로부터 큰 꾸중을 들었다. 그것은 우리도 마찬가지이다. 주님은 우리가 주님의 계시를 받을 때 그 계시의 실현을 위하여 무엇인가를 지으려고 하는 것을 원하지 않으신다. 주님은 우리가 계속해서 잠잠히 듣기를 원하신다. 좀 더 많이 좀 더 깊게 말씀하시기를 원하신다.

하나님으로부터 꾸중을 들은 후 그들은 고개를 들어 하늘을 보았다. 그때 그곳에는 예수님을 제외하고 아무도 없었다. 즉 "그들이 보았을 때 예수님 한 분외엔 아무도 없었다."는 사실이 우리가 가져야할 계시 중에 가장 중요한 부분이다. 제자들은 이 순간 예수님 한분만 보았고 모든 계시의 중심을 예수님께만 집중되어 있었다. 즉 우리가 하나님의 모든 계시를 받고 모든 하나님의 목적을 깨달아 예수님 한분이 우리의 가슴에 가득 찰 때까지는 우리는 하나님의 성전을 짓는 것을 시작하면 안 된다.

요약

기초는 매우 중요하기 때문에, 이 책에서 기초에 관하여 좀 더 많은 시간을 할애하기 원한다. 다음 장에서도 계속해서 교회의 기초에 대하여 언급하겠다. 특별히 초대 교회에 대하여 좀 더 깊이 연구하기를 원한다. 그 다음에 우리는 남겨진 교회사를 어떻게 이해해야 하는지 척도 또는 패러다임을 가지고 보게 될 것이다. 만약 우리가 교회의 확고한 기초에 대하여 알게 된다면 우리는 좀 더 정확하게 현재 교회의 상태를 판단하게 될 것이다. 그때 우리는 쉽게 어느 교회가 주님께 합당하며 어느 교회가 쇠퇴해 질지를 알 수 있게 될 것이다.

Chapter 4
가장 위대한 지상 명령

    교회를 이해하기 위해서는 교회의 역사와 미래를 공부하는 것도 중요하지만 무엇보다 먼저 교회를 향한 하나님의 선교와 말씀과 계시를 이해해야한다. 교회에 주어진 하나님 말씀의 기초는 초대교회에서 찾아볼 수 있다. 우리는 우리의 연구를 여기에서부터 출발해야한다.

    예수님께서 승천하시기전 주님은 제자들에게 그의 사역을 위임하셨다. 우리는 이것을 가장 위대한 지상명령, 위대한 위임이라고 부른다.

> 예수께서 나아와 일러 가라사대 하늘과 땅의 모든 권세를 내게 주셨으니 그러므로 너희는 가서 모든 족속으로 제자를 삼아 아버지와 아들과 성령의 이름으로

세례를 주고 내가 너희에게 분부한 모든 것을 가르쳐 지키게 하라 볼지어다 내가 세상 끝날까지 너희와 항상 함께 있으리라 하시니라 (마 28:18-20)

위대한 지상명령의 토대는 하나님께서 예수님께 주신 하늘과 땅의 모든 권세에서 출발한다. 위대한 위임은 바로 그 예수님의 권세를 선포하는 것이다. 교회의 메시지는 교회자체의 부흥에 관한 것이어서는 안 된다. 교회의 메시지는 교회자체의 권위와 힘을 키우기 위하여 선포되어서는 안 되고 오직 예수님에 관해서만 선포해야 한다. 예수님은 그의 공생애 3년 동안 사역하시면서 단지 한두 번 만 교회에 대하여 언급하셨다. 그분의 메시지는 교회, 그 이상의 커다란 것 이었다. 그것은 바로 하나님의 나라에 관한 것이다. 초대교회가 교회에 메시지를 가지고 나아가기 시작했을 때, 그것은 교회 자체를 위한 메시지가 아니라 교회의 머리되신 예수 그리스도 왕에 대한 것 이었다.

그리스도 중심

사도적 교회가 감당해야할 몫은 어떤 일정한 모습의 교회를 만들어 가는 것이 아니고, 예수님이 그분의 사람들 안에 함께 하시는 것을 보게되는 것 이었다. 전자는 사람중심의 사역이고 후자는 예수님 중심의 사역이다. 교회가 교회중심으로 가면 갈수록 교회는 잘못된 길로 빠지게 될 것이다. 교회가 예수님 중심으로 가면 갈수록 그 교회는 더욱 순결한 교회로 남게 될 것이다. 이것은 교회에 나타날 하나님의 영광을 간과하는 것이 아니다. 교회는 분명 마지막 날에 왕 중 왕이신 예수님의 신부로 부름 받았다. 교회의 부르심은 우리의 이해와 인지를 초월하는 영광스런 것이다. 우리도 하나님의 영광을 바라보며 우리의 부르심대로 영광스러운 모습으로 변화될 것이다.

> 우리가 다 수건을 벗은 얼굴로 거울을 보는 것 같이 주의 영광을 보매 저와 같은 형상으로 화하여 영광으로 영광에 이르니 곧 주의 영으로 말미암음이니라 (고후 3:18)

우리가 우리자신에게 집중하면 할수록 우리는 하나님을 향한 우리의 목적을 이룰 수 없다. 오늘날의 교회가 혼동에 빠지는 이유 중의 하나는 교회가 우리 안에서 역사하시는 예수님보다는 예수 안에 있는 우리를 지나치게 강조하기 때문이다. 즉 예수님보다는 사람에게 너무 집중하고 있다. 우리가 하나님으로부터 부름 받았다는 것을 아는 것이 중요하다 그러나 우리가 부름 받음은 나의 영광이 아니라 예수님의 영광을 위하여 부름 받았음을 잊어서는 안 된다.

교회는 하나님이 교회에게 주신 하나님의 나라에 대한 메시지를 신실하게 전하고 선포할 때만 교회의 진정한 모습을 간직할 수 있다. 그 복음은 매우 간단하다. 즉 예수님이 이 세상의 왕이심을 선포하는 것이다. 사도적 교회와 사도적 사역자가 소망해야 할 것은 단순히 교회로 사람을 불러 모으는 것을 넘어서 하나님의 사람 안에 계신 예수님의 모습을 발견하고, 이 땅에서 주님의 이름이 영광 받는 모습을 보아야 한다. 이것이 바로 위대한 위임이 지향하는 목표이다. 단순히 사람을 변화시키는 것을 넘어서 주님의 신실한 제자로 만들어 파송하는 것이다. 진정한 제자훈련이란 예수님께서 우리에게 분부하신 **모든 일**을 사람들에게 가르쳐 지키게 하는 것이다.

초대교회 제자들은 매일 매일 예수님께서 그들에게 분부하신 일을 가르쳤다. 영혼구원에 대한 복음을 전하는 것만큼이나 구원받은 영혼을 제자화 시키는 것은 중요하다. 수많은 거듭난 사람을 보는 것은 매우 기쁜 일이다. 그러나 거듭남은 이제 주님 안에서의 새로운 삶을 사는 단순한 시작일 뿐이다. 사도적 사역의 궁극적 목표는 우리가 온전히 주님과 하나 되어서 주님을 닮아가는 모습을 보는 것이다. 이것이 진정한 복음의 목표이다.

우리가 단순히 예수님이 우리의 구주이시다는 구원의 메시지만 전해서는 예수님의 위대한 위임을 달성할 수 없다. 예수님이 나의 삶의 온전한 주관자가 되어야한다. 예수님이 다른 사람들의 주관자라는 객관적 사실은 의미가 없다. 만약 위대한 위임의 핵심을 한마디로 말하라고 한다면 그것은 모든 것이다. 예수님은 우리에게, 하늘과 땅에 있는 **모든** 권위를 주셨다. 진정한 제자훈련이란 예수님께서 우리에게 지시한 모든 것을 가르치는 것이다. 이 말씀에는 교회와 사역자들이 성도들에게 해야 할 모든 것이 포함되어 있다. 성도들의 믿음은 그들의 삶에 한 부분이 아니라 그들을 하나님의 나라로 이끄는 필수 조건이다. 초대교인들의 삶은 매일 예수님을 알고 예수님을 따라가는 것이 그들의 삶의 최대 목표였다. 예수님은 그들의 삶의 **모든 것**이었다.

예수님만이 우리의 길이요 진리요 생명이다. 우리는 예수님이 우리 삶의 모든 것이 될 때까지 진정한 길과 진리를 알 수 없다. 하늘나라로 가는 길은 우리가 단순히 성경에 있는 몇 가지 진리의 말씀을 깨달아서 발견하는 것은 아니다. 하늘나라로 가는 길은 바로 예수님 자신이다. 예수님을 아는 진리는 성경에 나타난 말씀과 신학적 교리를 이해가고 받아들임으로 얻어지는 것이 아니다. 예수님을 아는 진리는 예수님이 우리의 삶의 모든 것이 될 때 가능하다.

우리는 모든 것을 먹어야 한다.

예수님은 유월절 어린양이었다. 이스라엘의 자녀들이 처음 유월절 어린양을 먹을 때 그 어린양을 남기지 않고 모두 먹게 가르쳤다. 그리고 그들이 이 유월절 어린양을 통째로 먹음으로 죽음의 사자가 그들을 지나간다고 믿었다. 그들은 아침이 오기 전까지 양의 머리와 꼬리부분도 남기지 않고 모두 먹어야 했다 (출애굽기 12:7-10). 이 말씀은 우리에게 예언적 메시지를 전하여 주고 있다. 즉 우리가 예수님을 우리가 좋은 쪽으로만 선택한다면 우리는 예수님의 모든 것을 소유 할 수 없게 된다. 진정한 구원은 우리가 예수님의 모든 것을 택할 때 가능하다.

만약 우리가 그리스도 안에서 하나님이 우리에게 주신 사명의 일부분만 선별적으로 택하려한다면, 우리는 우리가 진정으로 하나님의 구원을 갈구한다고 말할 수 없다. 그리고 예수님이 에베소서 4장 15절에서 주신, **"오직 사랑 안에서 참된 것을 하여 범사에 그에게까지 자랄지라 그는 머리니 곧 그리스도라"** 이 말씀을 따르려 하지 않을 때 우리는 주님의 영권과 그의 성령의 능력과 사역을 받을 수가 없다. 온전히 그리스도를 닮고 그가 하신 일을 우리도 할 때 까지 우리는 내가 그분의 사역을 모두 감당했다고 이야기 할 수 없다.

바울은 고린도교회에 다음과 같이 부탁하고 있다.

> **그리스도의 증거가 너희 중에 견고케 되어 너희가 모든 은사에 부족함이 없이 우리 주 예수 그리스도의 나타나심을 기다림이라** (고전 1:6-7)

여기에서 모든 은사는 예수님이 공생애로 이 땅에 계셨을 때 행하신 능력과 은사들이다. 그 은사들은 지금도 성령의 능력 안에서 교회 안에서 나타나고 있다. 이러한 은사의 나타남은 우리 안에 계신 예수님의 활동하심으로 가능하다. 만약 우리가 우리 안에서 역사하는 성령의 역사와 능력을 제한하면 우리는 예수님의 사역을 반대하는 것이다. 만약 우리가 우리 안에 있는 모든 하나님의 능력이 나타나기를 원하면 우리는 우리의 마음을 온전히 하나님께 열어서 그의 모든 말씀을 하나도 빠짐없이 들어야 한다.

그러므로 예수님이 우리에게 주신 위대함 위임은 우리가 이 일을 감당하기위하여 부족함이 없이 준비할 때까지 완결되지 않은 것이다. 이 일은 아마 구원을 선포하는 전도자들에 의하여 그 첫 문을 열게 될 것이다. 그러나 곧바로 사도와 예언자와 목사와 교사들에 의하여 계속 이어져 나가야한다. 빌립은 이런 의미에서 성경에 나타난 가장 순수한 전도자라고 할 수 있다(사도행전 8:4-8 참조). 그러나 우리는 빌립 후에 다른 사람들(베드로와 요한)에 의하여 빌립의 사역을 이어받아 좀 더 깊게 가르쳐 그들 안에 주님을 세우는 것을 본다. 교회사역의 토대는 회심자가 아닌 온전히 제자화된 사람들을 기반으로 세워진다.

우리가 신약성서에서 초대교회의 시작을 살펴보면 사람들은 제자들을 통하여 예수님을 만나고 회심하여 교회로 매일 모여들어 그 수가 증가하였다고 말한다. 그런데 오늘 날 우리의 현실을 비추어 보면 능력 있는 부흥사가 집회를 하여 사람들이 회심한 후에 교회로 돌아가서 진정한 하나님의 제자가 되는 숫자는 단지 5%에 불과하다는 통계가 나왔다. 그러나 단 5% 영혼이 제자화 된다는 것에 감사를 드려야 한다. 우리가 진정 예수님께서 우리에게 주신 위대한 위임을 잘 감당하고 있는지 자신을 되돌아보아야 한다. 무슨 이유 때문에 회심한 95%가 교회로 돌아 가지 않는가? 그 회심한 사람을 어떻게 교회에 오게 할 수 있을까? 우리가 말씀을 듣고 회개한 사람을 회심한 사람이라고 부르는데 그것이 진정 맞는 단어일까?

어떻게 우리가 모두를 제자화 시킬 수 있을까?

바울은 우리가 어떻게 예수님이 우리에게 명령한 모든 족속으로 제자를 삼을 수 있는가를 정확하게 가르쳐 주고 있다.

> 그가 혹은 사도로, 혹은 선지자로, 혹은 복음 전하는 자로, 혹은 목사와 교사로 주셨으니 이는 성도를 온전케 하며 봉사의 일을 하게하며 그리스도의 몸을 세우려 하심이라 우리가 다 하나님의 아들을 믿는 것과 아는 일에 하나가 되어 온전한 사람을 이루어 그리스도의 장성한 분량이 충만한 데까지 이르리니 이는 우리가 이제부터 어린 아이가 되지 아니하여 사람의 궤술과 간사한 유혹에 빠져 모든 교훈의 풍조에 밀려 요동치 않게 하려 함이라 오직 사랑 안에서 참된 것을 하여 범사에 그에게까지 자랄지라 그는 머리니 곧 그리스도라 그에게서 온 몸이

> 각 마디를 통하여 도움을 입음으로 연락하고 상합하여 각 지체의 분량대로 역사
> 하여 그 몸을 자라게 하며 사랑 안에서 스스로 세우느니라 (엡 4:11-16)

여기에서 교회를 준비시키기 위해 필요한 모든 사역을 한 사람이 수행할 수 없다는 것이다. 예수님은 사도였고 선지자였고 전도자였고 목사였고 선생이었다. 예수님께서 승천하실 때 오중 직임의 능력을 모든 사람들에게 다양하게 나누어 주셨다. 이러한 오중직임이 함께 연합되어 사역할때, 범사에 하나님의 분량까지 충만하게 자랄 수 있도록 성도들을 제자화 시킬 수 있다. 따라서 오중직임이 각각 기능적으로 연합될때까지, 교회에게 주신 모든 위임을 온전하게 감당 할 수 없다.

이 본문에 분명히 나타난 것처럼 교회가 이 구조를 따라가지 않을 때 늘 교회의 사역은 부족함을 느낄 것이다. 바울은 교회가 하나님의 온전한 위임을 감당하기 위해서는 다음 4가지를 꼭 기억해야한다고 강조한다. 1) 믿음의 연합, 2) 하나님의 아들을 아는 지식의 풍성, 3) 성도들을 신앙 안에서 성숙시킴, 4) 그리스도 안에서 온전한 분량에 이르렀는가에 대한 계속된 점검.

얼마나 많은 교회가 이러한 가르침을 따르고 있을까? 만약 그렇지 못하다면 우리는 오중직임의 사역적 기능을 하루 빨리 회복시켜야 한다.

오늘날 교회를 혼란시키고 예수님께서 우리에게 주신 소명을 망각하게 만드는 주 원인은 교회가 주님이 주신 복음을 하나도 빠짐없이 자기의 것으로 받아드리는 것이 아니라, 자신들에게 편하고 쉽고 좋은 것들만 선별하여서 받아드리고 싫은 것은 배척하려는 경향이 강하기 때문이다. 우리가 성도들을 온전히 제자화시키기 전까지는 우리는 결코 예수님이

주신 위대한 위임을 감당했다고 말할 수 없다. 회개와 회심만으로는 부족하다. 주님께서 우리에게 지시한 모든 것을 가르쳐 지키게 해야 한다.

약함에서 오는 힘

초대교회에서 선포된 복음은 어떤 것이었을까? 그것이 어떻게 전달되었을까? 그것은 오늘날 우리의 교회가 전하는 방법과 어떻게 달랐을까? 이점에 대하여 바울은 다음과 같이 우리에게 이야기 하고 있다.

> 형제들아 내가 너희에게 나아가 하나님의 증거를 전할 때에 말과 지혜의 아름다운 것으로 아니하였나니 내가 너희 중에서 예수 그리스도와 그의 십자가에 못 박히신 것 외에는 아무 것도 알지 아니하기로 작정하였음이라 내가 너희 가운데 거할 때에 약하며 두려워하며 심히 떨었노라 내 말과 내 전도함이 지혜의 권하는 말로 하지 아니하고 다만 성령의 나타남과 능력으로 하여 너희 믿음이 사람의 지혜에 있지 아니하고 다만 하나님의 능력에 있게 하려 하였노라 (고전 2:1-5)
> 하나님의 나라는 말에 있지 아니하고 오직 능력에 있음이라 (고전 4:20)

이 말씀과 오늘날 우리의 설교를 비교하면 어떠한가? 우리는 우리가 다른 사람들에게 그리스도의 진리를 전파하기위하여 용감하며 확신을 가지고 다른 사람들을 설득시키고 있다고 믿는가? 우리는 말보다는 하나님의 능력과 성령의 나타나심을 다른 사람들에게 나타내고 있다고 생각하는가? 아마도 오늘의 교회가 초대교회보다 약할 수밖에 없는 이유는 여기에 있을 것이다.

이것이 아마도 왜 하나님께서 베드로는 유대인들에게 보내고 바울은 이방인에게 보냈는가 하는 이유일 것이다. 이것은 왜 하나님이 일반적인 상식적인 방법과 전혀 반대되는 방법으로 그들을 보내셨는지 알게 하는 대목이다. 물론 바울은 베드로보다 유대인을 잘 안다. 그리고 베드로보다 지식에 있어서 뛰어났다. 베드로는 그의 고향에서 이방인들과 좀 더 가까이 지냈고, 바울은 유대인들에게 더욱 가까웠다. 그런데 하나님은 그들을 전혀 다른 환경 그리고 불편한 지역으로 보냈다. 바울이 이방인에게 보내졌을 때, 나는 약하고 두려워하며, 떨고 있었다고 자신을 표현한 것을 볼 수 있다.

바울이 갈라디아인들을 대면하고 말 할때 그의 육체가 떨리는 것같다고 했다(갈라디아서 4:14 참조). 바울과 베드로는 각각 그들을 환영하지 않고 대적하는 곳에 보내졌다. 하나님이 그들을 보낸 사명을 온전히 감당하기 위해서는 육신의 지혜가 아니라 온전히 성령에 의지 하는 길 외에는 다른 방법이 없었다. 베드로가 이방인에게 가려고 했을 때 그는 안디옥에서 매우 심각한 어려움을 만나서 불가능하게 됐다(갈라디아서 2:11-14 참조). 바울이 유대인에게 가려고 결정했을 때, 성령이 그에게 그곳에 어떤 일이 기다리고 있는 지를 경고하였고 그는 어려움을 만나게 된다(사도행전 21:27-30 참조).

우리도 역시 우리가 사역에 꼭 필요한 곳에 보내 질 것이라고 생각한다. 바울은 유대인의 구원을 간절히 열망한 사람이다. 그는 만약 내가 유대인들을 구원의 길로 이끌지 못하면 나의 구원을 포기하겠다고 선언했다. 그렇지만 바울은 유대인에게 보내지지 않았다. 아마 우리도 우리가 가기를 간절히 소망하는 장소에 보내지지 않을 수도 있다.

바울의 유대인에 대한 구원의 부담감은 본능이었다. 아마도 그의 육체는 히브리인을 구원하라고 그에게 부르짖고 있었을 것이다. 이것에 대한 바울의 고민을 우리는 로마서에서 읽을 수 있다.

> 육신의 생각은 사망이요 영의 생각은 생명과 평안이니라 육신의 생각은 하나님과 원수가 되나니 이는 하나님의 법에 굴복치 아니할 뿐 아니라 할 수도 없음이라 육신에 있는 자들은 하나님을 기쁘시게 할 수 없느니라 (롬8:6-8)
> 그러므로 형제들아 우리가 빚진 자로되 육신에게 져서 육신대로 살 것이 아니라 너희가 육신대로 살면 반드시 죽을 것이로되 영으로써 몸의 행실을 죽이면 살리니 무릇 하나님의 영으로 인도함을 받는 그들은 곧 하나님의 아들이라 (롬8:12-14)

우리가 하나님으로부터 소명을 받았다고 할 때 대부분 우리의 육체가 편한 쪽을 택하려고 한다. 즉 우리의 문화와 생활이 동일한 곳에 가서 사역하기를 원한다. 그러나 복음서에서는 우리의 편안함과 안락함과 육체의 의지함을 버리고, 오직 하나님의 성령과 그의 나타나심만 의지하라고 한다. 우리가 약할 때 그의 강함이 우리가운데서 나타난다.

당신은 진정한 예수님의 제자인가?

여기에 또한 중요한 질문이 하나 더 있다. 우리가 회개한 사람을 예수님의 제자로 만들 때 우리는 과연 그들을 예수님의 진정한 제자로 만들고 있는가? 우리의 회심 자들은 예수님의 십자가로 거듭났는가? 그들의 생각의 영역에서만 거듭났는가? 그들은 진정으로 예수님의 인도를 받고 있는가? 우리의 교단과 교리, 우리 지도자들에 의하여 인도를 받고 있는가?

우리 시대에 복음은 많이 희석되었을 뿐만 아니라 잘못 오용되고 있음이 판명되고 있다. 복음은 예수님이 우리의 죄를 사하시기 위하여 이 땅에 오신 것이 아니라 우리의 문제점을 해결하기 위하여 오신 것으로 오용되고 있다. 예수님은 우리의 어려움을 해결해 주시려고 오신 것이 아니다. 그러나 우리가 예수님 안에서 완전히 거듭나게 될 때 우리의 모든 문제는 예수님이 맡아 주시는 것이다. 많은 낙망과 실패가운데서 헤매는 사람들에게 복음이 그들의 어려움을 해결해 주는 말씀으로 오용되고 있다. 그러나 우리는 이 실망에 빠져있는 사람들을 그들이 겪고 있는 물질과 정신의 어려움보다는 그들이 안고 있는 원천적인 죄로 부터의 구원에 더욱 관심을 갖고 접근하여야 한다.

성령만이 진정한 제자를 만들 수 있다. 성령은 우리의 죄를 고백하게 하고 그 죄를 십자가 밑에서 씻게 해주어 우리에게 진정한 해방을 준다. 만약 우리의 구원이 죄를 회개하고 십자가의 능력으로 용서함을 받음으로 시작하는 것이 아닌 다른 진리를 말하면 그것은 분명 잘못된 것이다. 십자가 다음에는 부활이 있다. 그러나 우리가 십자가에서 죽지 아니하면 부활을 만날 수 없다. 만약 우리가 십자가 위에서 우리 자신을 죽임이 없이 부활의 은혜와 축복만 강조하면 우리의 복음은 중대한 위기에 직면하게 될 것이다. 우리가 이 땅에서 풍성하게 축복을 받으며 사는 것은 무척 좋아 보일 것이다. 그러나 고난을 통과하지 않은 축복은 영원한 삶을 약속 받을 수 없다.

예수님은 이 땅에 우리에게 구원을 받으라고 구걸하기 위하여 오신 것이 아니다. 강하고 담대하게 구원을 받으라고 외치셨다. 구원은 곧 생명이기 때문이다. 그는 이 땅에 계실 때 강력하게 제자들을 부르셨던 것처럼 우리를 부르시고 계신다.

> 또 무리에게 이르시되 아무든지 나를 따라 오려거든 자기를 부인하고 날마다 제 십자가를 지고 나를 좇을 것이니라 (눅 9:23)
>
> 이와 같이 너희 중에 누구든지 자기의 모든 소유를 버리지 아니하면 능히 내 제자가 되지 못하리라 (눅 14:33)
>
> 그리스도의 사랑이 우리를 강권하시는도다 우리가 생각건대 한 사람이 모든 사람을 대신하여 죽었은즉 모든 사람이 죽은 것이라 저가 모든 사람을 대신하여 죽으심은 산 자들로 하여금 다시는 저희 자신을 위하여 살지 않고 오직 저희를 대신하여 죽었다가 다시 사신 자를 위하여 살게 하려 함이니라 (고후 5:14-15)
>
> 나더러 주여 주여 하는 자마다 천국에 다 들어갈 것이 아니요 다만 하늘에 계신 내 아버지의 뜻대로 행하는 자라야 들어가리라그 날에 많은 사람이 나더러 이르되 주여 주여 우리가 주의 이름으로 선지자 노릇하며 주의 이름으로 귀신을 쫓아 내며 주의 이름으로 많은 권능을 행치 아니하였나이까 하리니그 때에 내가 저희에게 밝히 말하되 내가 너희를 도무지 알지 못하니 불법을 행하는 자들아 내게서 떠나가라 하리라 (마 7:21-23)

예수님께서 제자들을 부르실 때 예수님은 그들에게 그들의 삶을 온전히 바치라고 명령했다. 그리고 그들은 모든 것을 버리고 기쁨으로 예수님을 따랐다. 우리도 동일해야 한다. 이것보다 더 순수한 제자의 길은 없다. 우리가 사람들이 십자가의 도를 따르도록 설교할 때는 어리석은 세상적 지식은 다 버리도록 해야 한다. 왜 그래야 하는지 바울은 다음과 같이 설명하고 있다.

> 그리스도께서 나를 보내심은 세례를 주게 하려 하심이 아니요 오직 복음을 전케 하려 하심이니 말의 지혜로 하지 아니함은 그리스도의 십자가가 헛되지 않게 하려 함이라 (고전 1:17-18)

"십자가의 도가 멸망하는 자들에게는 미련한 것이요 구원을 얻는 우리에게는 하나님의 능력이라" 십자가의 복음에 우리의 지혜를 더하려 하면 오히려 구원의 능력이 아닌 다른것과 타협 할 수도 있게 된다.

요약

진정한 전도는 사람중심의 말씀을 전할 때가 아니라 하나님 중심의 말씀을 선포할 때 나타난다. 예수님이 높여질때 교회와 교리가 아닌 예수님 자신이 높여지시며, 그때 모든 사람이 예수님께 나아가게 될 것이다. 예수님이 높임을 받으실 때 우리는 예수님에게만 집중해야 한다. 잃어버린 영혼에 대한 우리의 관심과 사랑도 예수님에 대한 우리의 헌신을 실추시킬 수 없다. 그것은 복음의 왜곡으로 이끌 수 있다.

진정한 기독교인은 하나님의 영안에서 새롭게 거듭나야한다. 새로운 거듭남은 하나님과 연합되는 친밀함을 회복함으로써 이루어진다. 이 친밀함의 회복은 하나님과 하나 되는 첫걸음이다. 진정한 기독교인은 예수님을 통하여 아버지와 친밀한 관계를 지속적으로 가지는 여정이다. 하나님과의 교제는 우리가 에덴동산에서 원죄를 범하므로 잃어버린 귀한 것이다. 우리가 영적으로 얼마나 깊이가 있고 우리의 삶에서 진정한 하나님의 구원이 은총가운데 나타나는 지 보기 원한다면, 우리는 자신이 얼마나 하나님과 가까이 지내는 지를 점검해 보면 알 것이다.

하나님께로 더 가까이 갈수록, 우리가 그분의 제자가 될 수록 우리는 우리를 변화시키는 그분의 영광을 보게 될 것이다. 여기서 고린도후서 3장 18절의 말씀을 유심히 살펴보자: **"우리가 다 수건을 벗은 얼굴로 거울을 보는 것 같이 주의 영광을 보매 저와 같은 형상으로 화하여 영광으로 영광에 이르니 곧 주의 영으로 말미암음이니라"** 여기에서 우리는 우리가 보기 원하는 영광을 보는 것이 아니라 하나님의 영광을 본다는 말에 주목해야한다. 우리는 그의 영광을 수건을 벗은 얼굴로 볼 것이라고 했다. 수건은 육체를 의미한다. 우리가 거듭나게 될 때 우리는 마치 우리가 영적인 할례를 받은 것처럼 하나님의 나라를 보게 될 것이다. 우리의 육체가 죽어야 우리는 하나님을 볼 수 있다. 우리가 변화되지 않아도 우리는 하나님과 교제를 나눌 수 있다. 그러나 우리가 하나님과 교제를 나눌 때 우리는 변화 될 것이다.

역사학자 윌 드란트는, "시저는 제도를 바꾸어서 사람을 바꾸려고 하였고 예수님은 사람을 바꾸어 제도를 바꾸려고 하였다."고 이야기 했다. 복음은 제도를 만드는 것이 아니고 사람을 만드는 것이다. 진정한 복음의 포도주가 선포될 때 마치 새 포도주가 낡은 부대를 찢어버리는 것처럼 사람이 만든 제도들은 무너지게 될 것이다. 진정한 복음은 너무 강력하고 힘이 넘쳐서 우리의 작은 제도와 교회가 감당하지 못할 것이다.

이것은 현재의 교회의 조직이나 제도가 잘못 되었다는 말이 아니다.

그러나 다가올 교회는 이 거대한 성령의 새로운 포도주를 담을 만큼 그 자신을 넓히고 준비해야 한다는 뜻이다. 우리는 제도가 우리의 삶을 구속하는 것이 아니라 우리의 삶이 제도를 만들게 해야 한다. 초대교회는 그들의 삶의 현장인 각 가정에서 돌아가면서 만났다. 그들은 제도에 갇혀있지 않았고 제도를 만들어 갔다. 교회가 그들의 삶을 제한하지 않았고 그들의 삶이 교회를 만들어갔다. 그들은 어떤 규칙이나 규범을 따르는 것이 아니라 예수님의 삶을 따랐다.

이 물결은 오늘날에도 우리에게 거대한 영적인 움직임으로 다가오고 있다. 하나님이 세상을 보실 때 **"공허하고 혼돈(창세기 1:2)"**하시며, 이곳에 새로운 창조를 계획하신다. 많은 예언자들은 이제 하나님이 오셔서 하실 일을 예견하고 있다. 어떤 사람들은 그 일을 자기가 하겠다고 하기도 한다. 그러나 하나님이 오실 때 모든 사람은 뒤로 물러서야 한다. 그리고 하나님이 친히 이 일을 하신다. 그러나 하나님은 그분을 온전하게 두렵고 떨림으로 경외하고, 겸손히 자신을 낮추며 그분을 전심으로 제자되어 따르기 원하는 자들과 그분을 알고 기름부음을 사모하는 자들과 그분의 새로운 일들을 시작하실 것이다.

> 오랜 후에 다윗의 글에 다시 어느 날을 정하여 오늘날이라 미리 이같이 일렀으되 오늘날 너희가 그의 음성을 듣거든 너희 마음을 강퍅케 말라 하였나니 (히 4:7)
> 여호와께서 이같이 말씀하시되 하늘은 나의 보좌요 땅은 나의 발등상이니 너희가 나를 위하여 무슨 집을 지을꼬 나의 안식할 처소가 어디랴 여호와가 말하노라 나의 손이 이 모든 것을 지어서 다 이루었느니라 무릇 마음이 가난하고 심령에 통회하며 나의 말을 인하여 떠는 자 그 사람은 내가 권고하려니와 (사 66:1-2)

Chapter 5
사도들의 기초

그러므로 이제부터 너희가 외인도 아니요 손도 아니요 오직 성도들과 동일한 시민이요 하나님의 권속이라 너희는 사도들과 선지자들의 터 위에 세우심을 입은 자라 그리스도 예수께서 친히 모퉁이 돌이 되셨느니라 그의 안에서 건물마다 서로 연결하여 주 안에서 성전이 되어 가고 너희도 성령 안에서 하나님의 거하실 처소가 되기 위하여 예수 안에서 함께 지어져 가느니라 (엡 2::19-22)

4장에서 우리는 예수님이 승천하신 후 주님의 사역을 이 땅에 온전히 이루기 위하여 그분의 은사와 사역들을 어떻게 교회에 주셨는지를 나누었다. 이 모든 주님의 은사가 주님 안에서 하나가 되어 교회 안에서 움직일 때 예수님이 교회를 통해 온전하게 계시 된다.

이 장에서 우리는 초대교회의 삶과 그들의 구조를 살펴보겠다. 초대교회의 기본적인 구조는 성령의 은사와 사역이 유기적으로 활동하도록 사도들과 선지자들에 의하여 만들어졌다.

사도적 사역

앞장에서도 언급하였지만 인간이 원죄를 지음으로 잃어버린 가장 중요한 것은 하나님과의 친밀한 관계이다. 구속의 모든 계획은 인간이 낙원에서 쫓겨남으로 시작되었다. 그리고 낙원의 복귀는 하나님과 인간사이의 친밀함의 회복으로 이루어지게 계획되었다. 만약 우리에게 하나님의 구원이 얼마만큼 이루어지고 있는가를 확인해 보려면 우리가 얼마만큼 하나님과 친밀한 관계에 있는가를 측정해 보면 된다. 하나님은 인간을 그와 교제를 나누기 위하여 창조하셨고, 그의 궁극적 목적은 우리와 함께 항상 거하시는 것이다. 인간이 하나님의 거하시는 처소가 되는 것이 하나님이 인간을 부르시는 궁극적 목적이다. 사도적 사역이란 하나님의 처소를 세우는 주인 일군으로서 교회에게 주어진 소명이다.

구속이란 인간이 이전처럼 하나님과 친밀한 관계를 회복하는 그 첫 발걸음이다. 우리를 향한 하나님의 구속의 계획은 죄로 인해 잃어버린 우리의 이전 상태를 회복하는것 뿐만 아니라 그 이상의 것을 포함하고 있다. 우리가 거듭났다는 것은 우리가 새로운 존재가 되었다는 것이고 우리가 원래의 창조의 모습으로 회복되었다는 것이다.(갈6:15를 보라)이제 우리는 하나님과 교제의 관계에 들어갔을 뿐만 하나님의 거하실 처소로 변화되고 있는 것이다. 사람이 태어난다는 것은 삶의 첫 발자국이다. 그러나 거듭난다는 것은 영적인 삶의 첫 걸음이 되는 것이다. 이것은 끝이 아니고 출발이다. 전도자들은 시작에 관심이 많다. 그러나 사도들은 마지막 결과와 교회가 온전히 성숙되기 위하여 혼신을 다한다.

하나님은 인간을 단순히 새롭게 창조하여 교제하시기만 원하시지 않고 우리에게 오셔서 우리와 함께 생활하기를 원하신다. 이것은 하나님이 아담과 모세와 성령이 임하기전의 제자들에게 하신 것 보다 한 단계 높은 차원의 것이다. 이것이 바로 예수님이 그의 제자들에게 내가 하나님께로 가는 것이 너희에게 더욱 유익이 된다고 하신 이유이다. 예수님이 하나님께로 가셔야 성령이 오시고 성령이 바로 이 일을 감당하신다. 창조주이신 하나님이 우리 인간 사이를 걸으신다는 것은 매우 영광스러우며 놀라운 일이다. 정말로 하나님이 우리의 삶속에서 우리와 함께 지내신다는 것은 경이로운 일이다.

이 말은 구속이 별로 중요하지 않다는 이야기가 아니다. 구속은 우리가 하나님과 친밀한 관계로 회복되는 중요한 첫 관문이다. 그러나 우리의 마지막 목표는 하나님이 거하실 처소가 되는 것이다. 우리가 분명히 알아야 할 것은 구원은 우리의 궁극적 목적이 아니고 하나님 안으로 들어가는 첫 관문이다. 구원은 우리가 죄로부터 무너진 우리의 마음에 하나님의 거할 장소를 짓는데 그 시작과 기초가 되는 것이다. 우리는 구원의 기초에서부터 더 높은 단계로 올라가도록 부름을 받았다.

진정한 기독교란 단순히 진리를 아는 것, 그리고 그 진리와 사는 것 이상이다. 진정한 기독교인이란 새로운 존재가 되어 첫 번 아담보다 하나님과 더불어 더 높은 차원으로 올라가는 것이다. 하나님이 우리와 늘 함께 하시는 것이다! 하나님은 단순히 우리의 생각과 행동을 바꾸시려고 오시는 것이 아니다. 그분은 우리와 함께 사시기 위하여 오신 것이다.

사도적 사역이란 특별히 교회가 하나님의 성전이 되어가는 것을 보기 위하여 온 몸을 다하여 사역하는 것이다. 그러므로 만약 사도적 사역이 잘되고 있는가를 측정할 기준이 있다면 그것은 하나님의 교회 안에 얼마나 주님의 임재가 충분히 나타나는 가를 보는 것이다. 교회가 하나님 안에 거하여 있다면 하나님은 우리를 통하여 교회에 자신을 나타내지 않겠는가? 우리가 명심해야 할 사실은 우리가 변화하려고 하나님과 친밀한 관계를 갖는 것은 아니지만 하나님과 친밀한 관계를 갖을 때 하나님이 우리를 변화시킨다. 우리가 하나님과 교제를 가질 수 있는 것은 예수님의 십자가 때문에 가능한 것이다. 우리가 얼마나 성숙해 졌는가와 상관없이 우리는 우리 자신의 힘으로는 하나님의 임재 안으로 결코 들어 갈 수 없다. 오직 예수 그리스도의 피로 만 가능하다.

오늘날 교회시대에 마지막으로 강하게 일어나고 있는 운동은 무엇일까?

이 세대의 종말이 오기 전 교회에 진정한 사도적 기독교 정신을 가져올 거대한 운동이 있을 것이다. 그런데 이것은 오직 회복된 사도적 사역 만으로 가능하다. 초대교회 이래로 교회에 있었던 사역의 모습은 곧 사라질 것이다. 그리고 교회에 강한 성령의 바람이 불어와 교회 안에 진정한 사도적 사역이 회복될 것이다. 진정한 사도적 기독교가 이 땅에 회복되는 것을 보는 것이 바로 우리의 바람이다. 이것은 우리가 그렇게 소망하던 원래의 부르심의 교회로 회복되는 것이요, 이 일은 매우 중요한 하나님의 계획이다. 교회는 마땅히 그가 부름 받은 목표보다 더욱 높이 나아가야 하고 그렇게 하므로 교회가 온전히 하나님이 거하실 장소가 되어지는 것이다.

이것은 무엇을 의미하는가? 첫째, 예수님이 우리와 함께 하셔서 그가 2000년 전에 이 땅에서 하셨던 일들을 우리와 다시 동역하는 것이다. 둘째, 교회가 세상을 향해 정확하게 하나님을 대표하는 것이다. 우리의 말들은 하나님의 말씀이어야 하고 우리의 일들은 하나님의 일들이어야 한다.

우리가 앞장에서 에베소서 4장을 읽었지만 교회 안에서 우리의 모든 사역이 온전히 회복될 때 성도들은 아래와 같이 변화 될 것이다.

1) 사역을 위하여 완벽하게 준비된다.
2) 믿음 가운데서 모두가 연합 된다(이것은 단순한 교리 안에서 하나 되는 것을 말하는 것이 아니다)
3) 온전히 하나님 아들이신 예수님을 아는 지식을 가지게 된다.
4) 그리스도의 충만함에 속하는 성숙한 성도로 성장하게 된다.
5) 더 이상 어린아이로 남지 않는다.
6) 더 이상 세상의 풍파에 흔들리지 않고 교리의 바람에 움직이지 않으며 사악한 사람의 꾀임에 빠지지 않는다.
7) 머리 이신 예수님 안에서 모든 면에서 성숙하게 된다.

이것이 사도적 소명이며 이것은 인간의 재능과 능력으로 이루어 지지 않는다. 만약 우리가 진정한 사도적 사역을 하기 원한다면 먼저 우리의 지혜와 지식은 내려놓고 예수님이 우리를 그의 형상으로 새롭게 만들 때까지 기다려야 할 것이다. 우리는 이 기본적인 하나님의 만지심이 있기 전까지 다른 방법을 중단하고 기다려야한다. 우리는 하나님의 아들이신 예수님의 나타나심을 기다리고 찾아야만 하고, 예수님께서 그의 사람들 가운데 나타나시는 모습을 기다려야만 한다. 예수님은 우리의 사역이 진정한 사도적 사역을 추구하고 있으면 반드시 우리를 주목하시며 우리와 함께 하신다.

우리가 사도적 사역을 감당하려고 할 때 영적인 수고와 고통은 감수해야 할 것이다. 그러나 예수님이 교회 안에 임재 하시게 되면 영적인 수고는 사라질 것이다(갈라디아서 4:19 참조). 초대교회의 사도들은 교회 안에 많은 일들을 이루고 성취하며 유지해나갔다. 그러나 그들은 어떤 일정한 규정으로 사람들을 제한하지 않았다. 그러나 그들은 주님이 그들 안에서 규범을 만드는 것은 순종하였다. 주님이 강조하였고 사도들이 강조하였던 것은 사역의 중심을 제도를 바꾸는 것이 아니라 마음을 바꾸는 것에 두었다. 마음이 바꾸어졌을 때 제도는 성령 안에서 소멸 되어 버리거나 오래된 포도주 자루처럼 터져버린다.

사도란 무엇인가?

나는 아래에서 신약에 나타난 사도의 특징에 대하여 설명하고자 한다.

1) 사도는 영적인 아버지이다.

바울은 우리는 많은 선생은 가지고 있지만 많은 아버지는 가지고 있지 않다고 했다(고린도전서 4:15 참조). 오늘날의 교회도 마찬가지이다. 우리는 많은 훌륭한 선생들은 가지고 있지만 영적인 아버지는 거의 찾아 볼 수 없다. 마치 육체적인 아버지들이 그들이 젊은 나이에 아버지가 된 것처럼 교회의 많은 사람들도 젊은 나이에 영적 아버지로 부름 받았다. 그러나 우리의 교회엔 그런 젊은 나이에 영적인 아버지가 된 사람을 찾아보기 힘들다. 영적인 아버지는 그의 사역을 통하여 다른 사람을 양육하고 재창조 한다. 그리고 아주 드물게 이러한 일이 교회에서 일어나고 있다.

그러나 우리가 영적인 아버지가 되어서 다른 사람을 양육한다고 해서 우리가 저절로 사도가 되는 것은 아니다. 이 모든 사역이 함께 준비되고 협력할 때만 우리가 사도가 될 수 있다. 사도적 사역을 한다는 것은 우리가 다른 사람을 양육하고 하나님의 제자로 성장시키는 것 위에 하나를 더 하여야 한다. 그것은 전체교회에 그리스도가 임하심을 보는 것이다.

2) 사도들은 교회들을 세운다.

이것은 초대교회에 사도적 사역으로 분명하게 나타난 결과이다. 그러나 교회들을 세우는 것과 같은 모양의 교회건물을 여러 곳에 지점식으로 세우는 것은 큰 차이가 있다. 초대교회 교회들은 계시록에 나타난 교회처럼 매우 비슷한 점들이 많았다. 그러나 각 교회들은 비록 자기들이 같은 지역에 있고 같은 시대에 살고 있지만 자기들만을 위한 하나님의 다른 말씀을 기다렸다. 우리 하나님은 각 교회가 자체의 특성을 갖고 성장 할 때 축복하신다. 하나님에 대한 우리의 가장 큰 착각은 하나님을 우리의 답답한 통일성의 안목만 가지고 보는 것이다. 다양한 사람, 모든 사람, 여러가지 모임에서 우리가 축복된 창조자인 그분을 나타낸다면, 그 모든 모임과 사람들 안에 하나님의 다양하고 특별한 성품이 영광스럽게 임재될 것이다.

하나님만이 그의 교회를 완벽하게 지으실 단 한분이다. 그러나 그는 이 교회를 세우는 일을 사도들과 함께 하시며 그 사도들은 현명한 건축자들이다. 그렇지만 하나님께서 직접 그가 거할 교회를 설계하시고 건축하실 것이다. 만약 우리가 진정한 하나님의 사도적 교회가운데 속하기를 원한다면, 우리는 자신들에게 지금 우리가 설계하는 교회가 진정 하나님이 거하시기를 원하시는 교회를 세우고 있는가 아니면 사람들의 관심을 끌기위하여 세우는 것인가를 물어야 한다. 만약 우리가 교회를 세우는 동기가 사람들에게 관심을 끄는 것이라면 하나님의 임재는 그 성전에 나타나지 않을 것이다. 그러나 우리가 진정으로 하나님이 거할 처소로 성전을 세운다면 우리는 많은 사람들을 주목하게 하거나 그렇지 않을 수도 있다. 그리고 그 성전에 사람들을 많이 모을 수 없을지도 모른다. 그러나 진정한 사도의 관심은 예수님이 거하실 집으로서의 교회이다.

주님은 숫자에 관심이 있다. 그리고 주님은 모든 사람이 구원받기를 원한다. 그러나 주님은 많은 사람보다도 주님을 사모하는 소수의 사람들을 귀하게 여기신다. 교회에 주님의 임재는 있으나 사람의 관심을 끌지 못하면 그곳에는 사람이 많이 모이지 않을 수도 있다. 그러나 하나님은 인간의 조직보다는 하나님을 사모함이 있는 곳에 거하기를 원하신다는 사실을 알아야 한다. 우리는 커지거나 성장하기 위하여 교회에 있는 것이 아니다. 우리는 하나님의 뜻을 이루기 위하여 교회에 있다. 그리고 하나님 안에 거하기 위하여 교회 안에 있으며 그렇게 될 때 주님도 우리 안에 거하게 된다.

우리가 분명히 알아야 될 사실은 건물만 있고 예수님이 없는 교회는 단 한사람의 사도도 만들 수 없다. 전도자들이나 목사들이나 선생들이나 예언자들은 비록 그들이 준비되었는지 알지 못하여도 모두 교회를 세우는데 이용될 수 있다. 초대 교회 중 안디옥교회는 사도들에 의하여 탄생되지 않았다. 그러나 안디옥교회는 새로운 사도적 교회를 탄생시켰다. 만약 안디옥교회가 예루살렘으로부터 파송된 사도팀에 의하여 탄생되었으면 아마도 안디옥교회를 통하여 새로운 모습의 선교적 사도는 태어나지 않았을 것이다. 단지 새로운 포도주 부대만이 하나님의 새로운 포도주를 담을 수 있다. 어떻든지, 주님은 그의 잔치자리에 극상의 포도주를 준비하여 모든 사람들을 대접하려고 기다리고 계신다(이사야 25:6 참조). 우리는 이 포도주를 맛보아야 한다.

3) 사도들은 하나님의 통치를 알리며 전이한다.

　우리는 예수님이, "**왕중의 왕**"(디모데전서 6:15) 이라는 이해가 없이는 예수님이 누구신지에 관한 완전한 계시를 가질 수 없다. 예수님은 무한한 하나님의 권위의 대변자이다. 우리가 만약 예수님과 같이 되고자 하면 우리는 반드시 주님과 함께 걷게 될 것이다. 그리고 하나님이 지구상에 예수님의 권위를 세우는 작업에 함께 동참하게 될 것이다.

　주님이 갖고 계신 권위는 이 세상 사람들이 생각하는 권위와 다르다. 주님의 권위는 이방인이나 현세 사람들의 인본주의적 권위가 아니었다. 예수님의 권위는 사랑과 봉사에 기반을 두셨다. 교회의 역사에서 보면 교회의 권위가 무너진 것은 교회의 지도자들이 교회의 권위와 그들의 강력한 지도력을 하나님의 나라에서 부여 받으려고 하지 않고 세상적 방법으로 추구하려했기 때문이다. 세상의 권위는 늘 하나님의 영과 상반된 다. 그리고 세상의 권위는 사람들을 의로운 길로 이끌어 내지 못한다.

교회 역사를 살펴보면 하나님의 영적 리더십은 항상 대부분의 교회들과 그들의 운동과 상치되었다. 이것은 우리가 유심히 살펴보아야 할 요소 중에 하나이다. 하나님은 교회의 조직으로 일하지 않으신다. 하나님은 중심에 하나님의 법을 소유한 사람을 통하여 그의 교회를 세우신다. 만약 우리의 교회에 아무리 좋은 조직을 가지고 있다고 할지라도 그 안에 좋은 사람이 있지 아니하면 아무 소용이 없다. 이와 마찬 가지로 부족한 조직을 가지고 있더라도 그 안에 좋은 사람들이 있으면 모든 것이 잘되어 갈 것이다. 하나님의 정부와 다스림은 기구나 조직에 있지 않고, 기름부음에 있다. 우리가 온전히 왕되신 그분을 우리안에 모실때 우리는 진정한 영적 권위를 갖게 된다. 사람들은 영적인 기름부음이 그에게서 떠나가면 그 후에 조직과 기구를 이용하여 그의 권위를 유지하려고 한다. 그러나 이러한 일들이 교회를 비극으로 몰아갔다.

마지막 시대의 우리의 가장 큰 적은 하나님의 법을 지키지 않은 '불법' 임을 알게 될 것이다. 하나님 나라 정부의 진리가 지배하는 나라는 아직 우리의 현대 교회에서 확연히 보여지고 있지 않지만, 현재 일어나고 있는 서로를 헐뜯고 일어서려는 분란과 분열을 통하여서는 결코 이루어지지 않는다. 현재의 교회가 하나님의 본성에는 멀어져 있지만 하나님의 나라가 임할 때 까지는 당분간 유지 될 것이다. 그러므로 하나님의 나라가 오면 현재의 잘못된 것들은 심판되고 사라지게 될 텐데, 왜 그들이 번성하는지 의구심을 갖지 말라. 그리고 하나님의 영권은 사랑과 봉사에 의해서만 이루어짐을 기억하라.

4) 사도들은 실제로 주님을 만난자들이다.

이것은 바울이 언급한 사도적 권위의 중요한 증거중 하나이다(고린도전서 9:1 참조). 분명히 이 문장은 사도는 실제적으로 주님을 보아야 한다고 했다. 그리고 사도로 파송 받을 때 꼭 확인 하는 대목이다. 이것이 예수님이 그의 성전을 지을 때 꼭 사도들을 통하여 지으시겠다고 하신 이유이다. 우리는 그 예를 모세에게서 볼 수 있다. 모세는 이 땅에서 처음으로 하나님이 거하실 장막을 건축했다. 그러나 하나님의 장막을 짓기 전에 그는 거룩한 성산에 올라갔으며 그곳에서 하나님을 뵈었다. 이처럼 사도들이 하나님이 거하실 처소를 이 땅에 지으려면 먼저 그 안에 예수 그리스도가 형성되어야하고, 하나님의 영광을 보아야만 한다. 그리고 하나님의 영광이 그의 마음과 생각에 온전히 충만해야 한다.

우리가 예수님이 누구인지 알게되고, 그 분의 영광으로 사로잡힐때, 육체 가운데 있는 우리의 반응은 마치 정신을 잃고 황홀경으로 빠지기 때문에 마법에 걸린 것처럼 보여질 수 있다. 어떠한 공식과 같이 주문을 외우는 형태와 같은 헌신적 행위는 마법에 걸린 기본 증상이다. 그러나 마법은 진정한 영적 권위의 모조된 허구이다.

만약 우리가 하나님의 진정한 목적이 우리에게 나타나기를 소원한다면, 우리는 신학적 교리에서 탈출하여 보좌에 앉으신 예수님을 보아야만 한다. 우리가 진정한 사도적 사역을 하기를 원한다면 우리는 부활하신 예수를 우리의 두 눈으로 확실히 보아야 한다.

5) 사도는 예수님의 부활의 산 증인이다.

이것은 조금 전에 언급한 우리는 영광의 부활가운데 계신 예수님을 보아야 한다는 말과 연관이 있다. 그러나 사도는 한걸음 더 나아가 부활을 선포해야한다. 우리가 예수님의 부활의 영광을 실제로 볼 수 있을 때 우리의 부활의 메시지는 강한 힘을 발휘한다. 사도행전 1:22에서 사도들에게 주신 일 가운데 부활에 대한 증인이 되는 것이 큰 부분을 차지하는 것을 보았다. 사도행전 4:33에서 하나님의 능력은 사도들이 예수님의 부활을 열심히 전할 때 교회에 주어지는 것을 보았다. 로마서 1:4에서 우리는 바울이, "**성결의 영으로는 죽은 가운데서 부활하여 능력으로 하나님의 아들로 인정되셨으니 곧 우리 주 예수 그리스도시니라**" 예수님을 표현하는 대목을 볼 수 있다.

부활은 초대교회의 사도들이 설교했던 가장 핵심적인 주제였다. 우리가 교회사나 지금까지 저술된 책이나 설교 책을 살펴보아도 초대교회처럼 부활을 강하게 강조한 적은 없었다. 나의 경험으로는 부활주일 설교를 제외하고는 강단에서 흘러나오는 수많은 설교들이 부활을 주제로 심각하게 고민하고 외치는 설교를 들어 본 적이 없다. 오늘의 교회가 기본적인 진리인 부활을 무시하여 버렸기 때문에 초대교회의 사도적 능력을 잃어버리고 사도적 사역의 모습에서 멀어지고 있는 이유이다. 이것은 우리가 심각히 회개해야 할 부분이다.

찰스 스펄전은, "우리의 시대에 그리스도의 부활을 진정으로 믿는 크리스천이 거의 없다는 것은 가슴 아픈 일이다."라고 이야기 한 적이 있다. 내가 처음 이 글을 읽었을 때 그것은 잘못 인쇄된 것이라고 생각했다. 그러나 성령이 나에게 그것은 사실이라고 말해 주었다. 진정한 믿음은 어떤 사실을 지적으로 믿는 차원을 훨씬 뛰어넘는다. 믿음은 우리의 생각이 아닌 마음으로 믿는 것이며, 종국적으로 마음으로 믿어 의에 이르게 된다(로마서 10:10 참조).

우리는 우리의 마음에서 우러나오지 않아도 부활에 대한 교리를 믿을 수 있다. 그러나 우리가 진심으로 예수님의 부활을 믿게 되면 우리의 삶은 급격하게 변화될 것이다. 그리고 우리는 더 이상 영원하지 않고 없어져 버리는 세상에 우리를 맡기지 않고 우리의 삶을 영원한 존재인 예수님께 드릴 것이다. 스펄전은 우리가 주님의 부활을 지식으로만 믿는 것을 경고했다. 그리고 그는 우리의 살아있는 삶을 부활하신 주님께 드리기를 권면하신 것이다. 바울은 부활에 대하여 고린도전서 15:13-14에서 만약 우리가 주님의 부활을 믿지 않으면 우리의 모든 믿음이 헛것이라고 했다.

사도적 비전

모세는 비전의 사람이었다. 모세는 그가 실제로 성막을 짓기 전 산에서 성막의 자세한 형상을 보았다(출애굽기 25:40 참조). 진실한 영적비전은 우리의 마음속에 막연히 떠오르는 것이 아니다. 진정한 비전은 그 근원이 하나님으로부터 출발 하여야 한다. 즉 하나님이 주신 것이어야 한다.

선지자 학개는, "**이후에 있을 이 집의 영광은 전에 있던 이집의 영광과 족히 비교할 수가 없을 것이다**"라고 했다(학개 2:9). 학개는 그 집이 크다고 하지 않고, 그 영광이 크다고 했다. 사도적 사역의 목적은 그 집에 있는 것이 아니라, 그 집에 거하는 예수님의 영광에 중심을 두는 것이다. 진정한 사도적 사역의 비전은 교회 중심이 아니라 예수님 중심이다. 사도적 사역의 소명은 사람들을 교회로 이끄는 것이 아니라 예수님께 이끄는 것이다. 만약 사람들이 진실로 예수님께로 인도되면 그들은 교회를 일으킬 것이다. 그러나 사람을 교회로 이끈다고 그들이 다 예수님을 만나는 것이 아니다. 요즈음 많은 사람들이 여러 가지 이유에서 교회로 모여든다. 그러나 그들은 실망스럽게도 예수를 알기 위하여 모이지는 않는다. 만약 주님이 교회에 계시지 않는다면 우리는 성전의 영광을 어디서 찾아 볼 수 있다는 말인가? 만약 주님이 성전에 계신다면 당신의 관심은 그 예수님께 집중해야 한다. 가장 위대한 사도적 기도문을 우리는 에베소서에서 찾아 볼 수 있다.

> 너희 마음 눈을 밝히사 그의 부르심의 소망이 무엇이며 성도 안에서 그 기업의 영광의 풍성이 무엇이며 그의 힘의 강력으로 역사하심을 따라 믿는 우리에게 베푸신 능력의 지극히 크심이 어떤 것을 너희로 알게 하시기를 구하노라 (엡 1:18-9)

바울은 우리의 소망과 우리의 풍성을 알기 원하지 않고 하나님의 소망과 풍성을 알기를 원한다고 했다. 그리고 그는 우리의 힘으로 영원한 가치를 찾겠다고 하지 않고 오직 그의 힘으로만 영원한 가치를 발견 할 수 있다고 했다. 우리를 혼동시키고 잘못에 빠지게 하는 속임수는 우리 안에 있는 예수가 누구인가를 강조하기 보다는 예수안에 있는 우리를 너무 강조하려는 생각이다. 우리는 우리가 누구이며 우리의 소명이 무엇인가를 아는 것이 중요하다. 그러나 우리의 헌신하는 마음이 예수님의 모습을 사모하는 것을 가려서는 안 된다.

사도적사역의 특징

사도들은 하나님의 거할 처소인 교회를 건축할 가장 중요한 건축자로 부름 받았다. 우리는 성경에서 이처럼 하나님의 처소를 건축한 사도들의 특징들을 찾아 볼 수 있다. 모세는 하나님의 거할 처소를 건축한 첫 번째의 사람이다. 성경은 모세의 특징에 대하여 다음과 같이 이야기하고 있다.

> 믿음으로 모세는 장성하여 바로의 공주의 아들이라 칭함을 거절하고 도리어 하나님의 백성과 함께 고난 받기를 잠시 죄악의 낙을 누리는 것보다 더 좋아하고 그리스도를 위하여 받는 능욕을 애굽의 모든 보화보다 더 큰 재물로 여겼으니 이는 상 주심을 바라봄이라 (히 11:24-26)

여기서 우리는 모세가 하나님의 목적을 이루기 위하여 희생과 고난을 택한 것을 볼 수 있다. 그는 **공주의 아들이 됨**을 거절하고 백성과 함께 고난 받기를 원하였다. 사도 바울도 그가 유대인으로 높은 지위를 가질 수 있음에도 하나님의 나라를 위하여 그 지위를 버렸다.

모세는 예수님이 '능욕'을 택한 것처럼 이집트 왕궁에서의 모든 영광보다는 **백성과 더불어 하는 고난**을 택하였다. 바울도 역시 복음을 효과적으로 전파하기위해 계속적인 박해와 위험과 고난을 기쁨으로 감당했다. 그리고 그러한 고난이 그에게 영적인 권위를 부여해 주었다. 로마의 시민으로 로마 제국의 높은 지위에 오를 수 있었으나 그는 세상적인 그 모든 것을 분토처럼 여겼다. 그는 세상의 모든 것은 거대한 하나님 나라에 비교하면 티끌 하나 밖에 안 됨을 알았다. 이 세상의 모든 부귀와 영화는 하나님이 거하신 영원한 집에 비교하면 티끌에 불과함을 알았다. 이처럼 하늘의 복음을 위하여 고난을 받는 것은 세상의 어떤 부귀와 영화와도 비교할 수가 없다.

모세는 죄의 근원이 되는 순간적인 세상의 쾌락을 거부하였다. 모든 사도들도 그의 삶에 주님을 가슴에 품으며 거룩하며 완전하게 살려고 최선을 다하였다. 그들은 교회의 모범이 되었다. 그러나 그들은 다른 사람들에게 모범적으로 보이기 위하여 그렇게 산 것은 아니다. 그들은 늘 하나님의 거룩한 임재가운데 살았다.

우리가 예수님의 거룩한 아름다움을 보게 되면 우리는 죄로 인하여 우리의 옷이 더렵혀진 것을 부끄러워 할 것이다. 하나님은 거룩하시므로 우리가 순결한 사랑을 갖지 아니하면 하나님을 진정으로 사랑할 수 없다. 마치 모세가 하나님 앞에 순결하기 위하여 스스로 고난을 택한 것처럼 우리도 하나님 앞에서 죄 된 모습으로 설 것인가 순결한 모습으로 설 것인가 선택해야 한다. 만약 우리가 사도적인 교회가 되기를 원한다면 하나님 앞에서 바르게 걷는 길을 택해야 한다.

모세의 비전은 하나님의 축복에 영적으로 보답하는 것이 였다. 어떤 사람들은 자신들의 마음속이 천국에 대한 생각으로 가득차서 세상에서는 아무런 즐거움을 발견하지 못하겠다는 사람들이 있다. 이런 사람들이야말로 바로 하나님의 사도적 사역에 부름 받은 사람들이다. 예수님께서 이 땅에 사신 이후로 사도들만큼 하늘의 마음을 품고 산 사람이 있겠는가? 오늘날의 사역과 목회가 공통적으로 직면하고 있는 문제 중 하나는 하늘의 마음 보다는 세상적 마음에 젖어 있다는 것이다. 여기서 우리는 히브리서 11장 27절에 나타난 모세의 마음을 살펴보아야 한다. "**그는 믿음으로 보이지 않는 하나님을 볼때 까지 기다렸느니라.**"영적인 비전을 갖기위하여는 우리의 육신의 눈으로 보는 것보다 우리의 영의 눈으로 보는 것이 더욱 선명하고 확실한 증거가 있어야 한다.

요약

사도적 사역은 종말이 오기전에 교회에서 회복될 것이다. 사도적 사역은 말에 있지 않고 하나님의 성령의 임재와 능력을 나타내는데 있다. 이 사도적 사역을 통하여 하나님의 성품과 능력이 온전하게 교회에 계시될 것이다. 우리는 능력의 나타남을 위하여 준비할 보조적인 장치가 필요하지 않다. 마치 교회에 하나님의 사역들이 회복될 때마다 그 사역을 모방하는 역사가 나타난 것처럼 반드시 진정한 하나님의 능력이 나타나기 전에, 그것을 모방하고 하나님의 능력인체 가장한 세력이 나타날 것이다. 그러나 우리는 성경의 증거들을 통하여 진정한 하나님의 능력의 나타남의 시기를 알 수 있다.

사도적 사역은 하나님으로 부터의 위임이 꼭 필요하며, 영적권위에 기반을 둔다. 진정한 사도들은 신학적 이론이나 형식, 또는 방법론 등을 가지고 오지 않는다. 그들은 하나님의 능력과 진정한 생명을 나누며 임파테이션 한다. 사도적 사역은 하나님의 성전이란 개념을 넘어서 사람들에게 하나님의 임재를 경험하게하고 그들이 어디에 있든지 그곳에서 하나님을 아는 지식의 향기가 흐르게 한다. 이제 마지막 날에 사도적 사역은 교회를 바꾸어 놓을 것이며 더 나아가 세계를 완전히 바꾸어 놓을 것이다.

주님은 에베소 교회를 칭찬하셨다. 그 이유는 그들이, **"자칭 사도라 하**

도 아닌 자들을 시험하여 그 거짓된 것을 네가 드러냄"(계시록 2:2)때문 이라고 하셨다. 우리는 교회에 자신들이 사도라 칭하지만 영적인 능력을 갖추지 못한 사람을 허용하면 안된다. 그렇지만 우리가 선지자의 이름으로 선지자를 받아들일 때(마태복음 10:41참조) 선지자의 상급을 받을 것이요, 모든 사역에서 이 같은 상급을 받을 것이다. 만약 우리가 사도를 선생처럼 받아들이면 사도의 상급을 받을 수 없고 사도의 능력이 아니라 단지 지적인 가르침 만 받게 된다. 그러나 우리가 그들이 사도인지 아닌지를 분별해야 하는것은 매우 중요한 과정이다. 그들이 사도가 아니면 배척해야 하는 것은 분명한 사실이다. 그러나 그들이 사도로 판명이 나면 그들을 온전히 사도로 대접할 때 사도의 모든 능력을 우리가 받게 될 것이다.

Chapter 6
사도의 수고와 고난

분명한 것은 진정한 사도적 교회가 되기 위해서는 교회 안에 사도적 사역이 회복되어야 한다는 것이다. 교회 시대를 열었던 사역들이 사도적 사역을 오히려 봉쇄해 버릴 수도 있다.

우리가 앞장에서 읽었듯이 이 사역은 예수님이 교회를 위하여 주신 것이다. 바울은 이점에 관하여 에베소서 4:13에서 다음과 같이 이야기하고 있다.

> 우리가 다 하나님의 아들을 믿는 것과 아는 일에 하나가 되어 온전한 사람을 이루어 그리스도의 장성한 분량이 충만한 데까지 이르리니

아직도 많은 교회들이 그리스도의 장성한 분량에 까지 미치지 못하고 있다. 교회가 그 목표에 도달하기 위하여는 보다 거룩하고 신실한 사도들이 교회에 많이 나타나야 한다. 이것은 오늘날 그리스도의 몸인 많은 교회들이 새롭게 깨닫고 있는 점이다.

이제 많은 교회들이 사도적 사역의 필요성을 절실히 깨닫고 있기 때문에 그들이 어느 정도 믿음이 가면 조금 부족하더라도 사도적 사역자로 사람을 받아들이는 경향이 있다. 오늘날 우리의 주변에는 자신들을 사도라고 부르는 많은 사람들이 있다. 아마 그들은 좋은 전도자일 것이고, 뛰어난 선생일 것이고 하나님의 목적을 성서를 통하여 깊이 깨달은 사람들일 것이다. 그러나 이러한 것들이 그들을 진정한 사도로 만들지 않는다. 많은 사람들이 예언적 은사를 가졌고 사람들을 모으고 훈련시키는데 탁월한 재능이 있다고 하더라도 이것들이 한 신실한 사도를 만들기에는 아직도 부족함이 있다.

교회는 가족이지 조직이 아니다. 그럼에도 오늘날의 우리의 교회를 살펴보면 사람과 사람사이의 살아있는 관계는 없고 조직만 있다. 우리가 사도적 사역을 생각할 때 많은 사람들은 사도적 사역은 어떤 조직을 갖고 있는가를 먼저 생각한다. 이와같이 사도역할이라고 우리가 대부분 지금 믿고 있는 것을 그 조직에 헌신된 관계에서 찾으려 한다. 만약 우리가 진실한 사도가 되려 한다면 이러한 관점이 반대로 바뀌어야 한다. 초대교회의 사도적 사역을 성서에서 찾아보면 그들은 교회의 조직을 만든 것이 아니라 해산의 고통을 통하여 성도들이 태어나게 한 것이다. 신앙의 한 가족을 만든 것이다. 그러므로 사도적 사역에는 반드시 사도적 해산의 고통이 동반되는 것이다. 해산의 고통이 없는 사도적 사역이 태어날 수 없다.

갈라디아서 4:19에서 바울은, "나의 자녀들아 내가 너희안에 하나님의 형상이 이루어지기 까지 내가 다시 해산의 고통을 담당하노라."고 이야기 했다. 바울은 이 사도적 고난을 그리스도가 교회 안에 풍성히 나타날 때 까지 인내로 감당했다. 주님은 바울에게 나타나셔서, "그가 내 이름을 위하여 해를 얼마나 받아야 할 것을 내가 그에게 보이리라 하시니(행 9:16)" 라고 말씀하셨고 그 후에 바울은 이것에 대하여 고린도후서 1:5에서 아래와 같이 썼다. "그리스도의 고난이 우리에게 넘친 것 같이 우리의 위로도 그리스도로 말미암아 넘치는 도다"

아직도 진정한 사도적 사역은 많은 고난을 필요로 한다. 진정한 기독교는 희생의 삶이다. 진정한 기독교는 우리가 하나님과 이웃을 위하여 모든 것을 내어놓기를 원한다. 이점에 대하여 바울은 고린도후서 4:7-11 에서 다음과 같이 이야기 했다.

> 우리가 이 보배를 질그릇에 가졌으니 이는 능력의 심히 큰 것이 하나님께 있고 우리에게 있지 아니함을 알게 하려 함이라 우리가 사방으로 우겨쌈을 당하여도 싸이지 아니하며 답답한 일을 당하여도 낙심하지 아니하며 핍박을 받아도 버린 바 되지 아니하며 거꾸러뜨림을 당하여도 망하지 아니하고 우리가 항상 예수 죽인 것을 몸에 짊어짐은 예수의 생명도 우리 몸에 나타나게 하려 함이라 우리 산 자가 항상 예수를 위하여 죽음에 넘기움은 예수의 생명이 또한 우리 죽을 육체에 나타나게 하려 함이니라 (고후 4:7-11)

사도들은 자신들이 그리스도 안에서 죽음으로 영적인 삶을 주님으로

부터 전수받아 능력을 갖게 된 것이다. 죽음은 그리스도 안에 생명의 길이다. 만약 우리가 진실한 믿음을 가지기 원한다면 다른 길은 없다. 사도적 사역에 기본적인 토대가 되는 고난과 역경을 보게될 때, 우리는 사도가 되는것에 대해 아마도 많은 반감을 가질 수 있다. 왜냐하면 유감스럽게도 현대의 많은 대중신학들이 그들의 교리에서 이 고난의 주제를 삭제하여 버렸다. 그리고 서방의 많은 교회들도 고난을 경시하고 피해가고 있다. 그러나 아직도 고난은 진정한 믿음을 낳게 하고 진정한 사도사역의 근본을 이루고 있다. 이것이 왜 바울이 우리는 사도적 사역을 감당해야 한다고 강조한 점이다. 그는 복음을 위하여 고난 받는 것을 기쁨으로 여겼다.

만약 우리가 교회에 진정한 사도사역이 회복되기를 원한다면 먼저 우리가 고난을 감당해야 한다는 마음이 신앙인의 가슴에 회복되어야 한다. 이러한 목표를 달성하기 위하여 우리는 먼저 예수님과 초대교회 사도들이 하나님나라의 공의를 이루기 위하여 자기를 부인하고 고통을 담당한 사실을 되돌아보아야 한다.

> 이에 예수께서 제자들에게 이르시되 아무든지 나를 따라 오려거든 자기를 부인하고 자기 십자가를 지고 나를 좇을 것이니라 누구든지 제 목숨을 구원코자 하면 잃을 것이요 누구든지 나를 위하여 제 목숨을 잃으면 찾으리라 (마 16:24-25)

자기를 부인하라는 이야기를 우리는 세상에서는 들어 볼 수 없다. 우리가 살고 있는 세대에서 자기부인은 어리석은 일처럼 보인다. 그러나 우리가 예수님을 따라 가기를 원한다면, 우리는 반드시 자기를 부인해야만 한다. 이것에 대하여 바울은 아래와 같이 설명했다.

> 아무 일에든지 대적하는 자를 인하여 두려워하지 아니하는 이 일을 듣고자 함이
> 라 이것이 저희에게는 멸망의 빙거요 너희에게는 구원의 빙거니 이는 하나님께
> 로부터 난 것이니라 그리스도를 위하여 너희에게 은혜를 주신 것은 다만 그를
> 믿을 뿐 아니라 또한 그를 위하여 고난도 받게 하심이라 (빌 1:28-29)

바울은 이 이야기를 단지 사도들 뿐 아니라 모든 성도들에게 강조했다. 자기희생은 성서에 나타난 사도들에게 매우 중요한 덕목이었지만 이것은 모든 성도들에게도 똑같이 적용된다. 그렇지만 사도들이 먼저 그들의 삶을 낮추고 자신들을 살아있는 희생 제물로 하나님께 드리기를 바울은 강조했다. 그래서 그들은 기꺼이 하나님의 나라를 위하여 순교도 마다하지 않았다. 바울은 로마서 8:16-18에서 다음과 같이 이야기 했다.

> 성령이 친히 우리 영으로 더불어 우리가 하나님의 자녀인 것을 증거하시나니
> 자녀이면 또한 후사 곧 하나님의 후사요 그리스도와 함께 한 후사니 우리가 그
> 와 함께 영광을 받기 위하여 고난도 함께 받아야 될 것이니라

성경에서 '만약' 이라는 단어는 아주 중요한 의미를 내포하고 있다. 이것은 우리가 어떤 조건하에서 꼭 해야 할 무엇을 이야기 하고 있다. 위의 본문을 살펴보면 우리가 하나님의 후사라면 예수님과 함께 꼭 고난을 받아야 한다고 강조하고 있다. 이 고난의 중요성에 대하여 바울은 빌립보서에서 다시 강조하고 있다.

> 내가 그리스도와 그 부활의 권능과 그 고난에 참예함을 알려 하여 그의 죽으심을 본받아 어찌하든지 죽은 자 가운데서 부활에 이르려 하노니 내가 이미 얻었다 함도 아니오 온전히 이루었다 함도 아니라 오직 내가 그리스도 예수께 잡힌 바 된 그것을 잡으려고 좇아가노라 (빌 3:10-12)

놀랍게도 바울은 이것을 그의 삶을 마감하는 순간에 썼다. 그가 무한한 인내를 감당함으로 그가 그렇게 많은 것을 이루었음에도 그는 자신을 자극하면서 나는 아직도 내가 이루어야할 것을 다 이루지 못하였다고 고백하였다. 물론 이것은 구원의 문제는 아니다. 구원의 문제는 그가 처음 그리스도를 그의 구주로 영접하였을 때 해결되었다. 그가 아직도 잡지 못하였다고 고백한 것은 그리스도 안에서 한 차원 높은 하나님의 소명을 이야기 한 것이다. 우리는 우리가 목표한 것을 이루었을 때 얼마나 큰 만족감을 느끼는가? 우리는 하나의 조그만 승리를 이루었을때 곧바로 다른 목표로 가기보다는 좀 평안히 쉬고 싶어 한다. 그리고 우리의 궁극적인 목표를 달성하기 위하여 우리를 더욱 재촉하지는 않는다. 그러나 사도적 사역에는 은퇴가 없다. 베드로는 이점에 대하여 다음과 같이 언급했다.

> 그리스도께서 이미 육체에 고난을 받으셨으니 너희도 같은 마음으로 갑옷을 삼으라 이는 육체의 고난을 받은 자가 죄를 그쳤음이니 그 후로는 다시 사람의 정욕을 좇지 않고 오직 하나님의 뜻을 좇아 육체의 남은 때를 살게 하려 함이라

우리의 시대에 하나님의 뜻을 좇아 사는 것이 우리를 행복하게 만들지 않을 지도 모른다. 하나님의 뜻을 따라 사는 삶이 우리에게 많은 기쁨과

평안을 주지 못할 지도 모른다. 만약 이 세상에서 우리의 삶의 목적이 우리의 만족을 채우는 것이라면 우리는 영원히 이 땅에서는 우리의 만족을 채울 수 없다. 그리고 우리가 영원한 삶을 위하여 희생을 감당한다 할지라도 그 희생이 결코 행복하지 않다. 바울은 이 문제에 대하여 고린도전서 9:24-27에서 다음과 같이 설명하였다.

> 운동장에서 달음질하는 자들이 다 달아날지라도 오직 상 얻는 자는 하나인 줄을 너희가 알지 못하느냐 너희도 얻도록 이와 같이 달음질하라 이기기를 다투는 자마다 모든 일에 절제하나니 저희는 썩을 면류관을 얻고자 하되 우리는 썩지 아니할 것을 얻고자 하노라 그러므로 내가 달음질하기를 향방 없는 것 같이 아니하고 싸우기를 허공을 치는 것 같이 아니하여 내가 내 몸을 쳐 복종하게 함은 내가 남에게 전파한 후에 자기가 도리어 버림이 될까 두려워함이로라 (고전 9:24-27)

이 본문에는 영적생활에 대한 매우 중요인 계시가 포함되어 있다. 우리가 육체의 희생을 감당할 때 우리는 진정한 영적인 생활을 할 수 있고 다른 사람들에게 영적인 생활을 전하여 줄 수 있다고 이야기 한다. 다시 말하지만 우리의 육체의 고난을 감당하는 것은 구원의 문제와 전혀 상관이 없다. 우리가 하나님을 우리의 구원자로 받아들이는 문제와는 전혀 별개의 것이다. 그러나 우리가 예수님의 십자가를 기꺼이 함께 질 때 이것은 우리를 영적으로 한 단계 위로 끌어 올린다. 이것은 우리의 삶이 예수님의 십자가와 함께 죽음으로 우리가 예수님과 하나가 되고, 이 일을 통하여 예수님이 우리 안에서 우리를 통하여 밖으로 흘러나가는 것을 경험하게 한다.

> 육신의 생각은 사망이요 영의 생각은 생명과 평안이니라 (롬 8:6)
>
> 너희가 육신대로 살면 반드시 죽을 것이로되 영으로써 몸의 행실을 죽이면 살리니 무릇 하나님의 영으로 인도함을 받는 그들은 곧 하나님의 아들이라 너희는 다시 무서워하는 종의 영을 받지 아니하였고 양자의 영을 받았으므로 아바 아버지라 부르짖느니라 성령이 친히 우리 영으로 더불어 우리가 하나님의 자녀인 것을 증거하시나니 자녀이면 또한 후사 곧 하나님의 후사요 그리스도와 함께 한 후사니 우리가 그와 함께 영광을 받기 위하여 고난도 함께 받아야 될 것이니라 생각건대 현재의 고난은 장차 우리에게 나타날 영광과 족히 비교할 수 없도다 피조물의 고대하는 바는 하나님의 아들들의 나타나는 것이니 (롬 8:13-19)

 아담은 완벽한 세계에서 살았지만, 스스로 죄를 택하였다. 그의 죄로 인하여 아담의 권위 아래 있는 모든 창조물은 고통가운데 들어갔다. 그 때 이후로 창조물은 어둠속에서 그들을 구원해 줄 구세주를 찾고 있었다. 아담은 불순종의 사람이었지만 구세주 예수님은 순종하시되 죽기까지 순종하신 분이다. 세계는 순종으로 회복의 길을 열었다.
 하나님의 나라는 하나님이 지배하는 곳이다. 우리가 사는 세계도 하나님이 지배하는 나라로 회복되어야 한다. 첫 아담의 죄로 그의 통치권이 사탄에게 넘어갔다. 그러나 마지막 아담 예수님의 오심으로 아담의 통치권이 아버지께로 회복 되었다. 그러므로 우리도 우리 자신을 위해 사는 것이 아니라 하나님 나라를 위해 신실하게 삶으로 하나님의 자녀와 유산자로 돌아가야 한다. 희생의 정신은 타락한 인간에게는 무척 부자연스럽고 하고 싶지 않은 선택이지만 진실한 삶을 살기를 원하며 하나님과 더불어 영원한 삶을 살기를 원하는 사람은 반드시 감당해야할 몫이다.

바울은 사도행전 14:22에서, "많은 환란을 겪어야 우리는 하나님의 나라에 들어간다."고 외쳤다. 우리가 환란을 통과하여야 하나님 나라에 들어갈 수 있다는 것은 영적인 안목으로 보면 지극히 당연한 일이다. 우리는 하나님 나라의 삶을 살고 싶다고 외치면서도 고통의 문을 지나는 것을 원하지 않는다.

그러나 이 원칙은 개인뿐만 아니라 모든 창조물에게 다 해당되는 말이다. 하나님 나라의 시대는 이제 거대한 환란을 통하여 우리에게 점점 다가오고 있다. 그러므로 우리는 우리에게 다가오는 환란이 저주가 아니라 축복임을 알아야 한다. 고난과 역경은 하나님의 목적을 온전히 이루기 위한 가장 확실한 길이다.

> 내 형제들아 너희가 여러 가지 시험을 만나거든 온전히 기쁘게 여기라 이는 너희 믿음의 시련이 인내를 만들어 내는 줄 너희가 앎이라 인내를 온전히 이루라 이는 너희로 온전하고 구비하여 조금도 부족함이 없게 하려 함이라 (약 1:2-4)

모든 신자들이 꼭 기억해야 할 한 가지는 그들이 지금 겪고 있는 시련이 매우 중요하고 값있는 것이라는 사실이다. 그들이 겪는 고통 하나하나는 그들이 천국에 들어갈 수 있는 귀중한 기회를 그들에게 제공하는 것이다. 이에 대하여 베드로는 다음과 같이 이야기 했다.

> 그러므로 너희가 이제 여러 가지 시험을 인하여 잠간 근심하게 되지 않을 수 없었으나 오히려 크게 기뻐하도다 너희 믿음의 시련이 불로 연단하여도 없어질 금보다 더 귀하여 예수 그리스도의 나타나실 때에 칭찬과 영광과 존귀를 얻게 하

러 함이라 (벧전 1:6-7)

만약 우리가 세상의 물질을 귀하게 여기는 마음의 반만 하나님의 나라의 일을 귀하게 여기면 교회는 복음의 힘으로 세상을 바꾸어 놓을 수 있다. 그리고 우리는 전혀 다른 사람으로 변해있을 것이다. 만약 우리가 우리의 진정한 덕목으로 고통을 소중히 여기면 우리 역시 세계를 완전히 바꾸어 놓을 수 있다. 이러한 이유 때문에 다윗은 시편에서, **"성도의 죽는 것을 여호와께서 귀중히 보시는도다."**(시편 116:15)라고 했다. 주님은 그의 백성의 죽음을 귀하게 여기신다. 왜냐하면 죽음은 그리스도 안에서 진정한 삶으로 들어가는 지름길이기 때문이다. 우리의 삶을 기꺼이 내려 놓을 때만, 우리가 주님을 진실로 발견하게 된다는 것을 주님께서 아신다.

부활이 있기 전에 반드시 죽음이 있다. 우리가 부활의 능력가운데 거하려면 우리는 먼저 우리를 죽음의 자리에 내어 주어야 한다. 이것이 초대교회 시대부터 기독교인들이 가장 꺼리고 피하고 싶어 하는 부분이었다. 이것이 왜 세상은 진정한 사도와 기독교인을 많이 갖고 있지 못하는가 하는 이유이다. 우리는 그러한 고난을 감수하는 사람들을 보면 쉽게, "그들은 우리와 같지 않은 하늘나라 사람과 같다."말하며 자기와는 전혀 상관이 없는 일로 여겨버린다. 그러나 문제는 우리 안에 너무 세상적인 마음이 가득 차있고 영적인 능력과 진실은 거의 없다는 것이다. 그러나 이제 마지막 때가 오면 모든 것이 바뀔 것이다. 이 땅에 다시 진정한 사도 사역의 시대가 열릴 것이다. 모든 것은 회복되고, 하나님의 나라는 임하게 되고 우리의 창조자 예수님이 재림하심으로 기나긴 환란의 시대는 끝이 날 것이다.

타락은 사탄이 그도 하나님과 같은 영광을 갖고자 탐하였을 때 시작되었다. 교만이 인간 속에 들어왔을 때 그는 하나님의 영광을 위하여 살기를 거부하고 자신의 영광과 부귀만 찾기에 몰두하였다. 예수님은 하나님의 아들로 큰 영광가운데 있었지만 그분은 큰 영광을 버리시고 십자가의 고난을 택하셨으며 그 자신을 생각하지 않고 항상 하나님과 그분의 생각만 따라갔다. 이제 하나님의 영광을 사모하며 예수님의 뒤를 따르려는 사람들은 그분의 아들과 딸이 되는 권세가 주어질 것이다. 그들은 자신들의 삶을 사랑하기보다는 주님을 사랑하며 주님의 진리를 따르는 하나님의 증인이 될 것이다.

이제 그들의 야망과 자기의지를 버린 사람들은 그 빈자리를 하나님의 영광으로 가득 채울 것이다. 그들은 하나님의 존귀한 어린양의 신부가 될 것이다. 이러한 삶은 자기중심적으로만 살아온 타락한 세상 사람들에게는 매우 생소한 것일 것이다. 그러나 이러한 삶을 산 사람이 세상의 모든 악의 뿌리에 도끼를 대는 하나님의 대언자가 될 것이다. 그리고 이러한 일은 편하고 안락하게 현대를 살고 있는 사람들에게 매우 위협적이고 불편할 것이다. 그러나 이제 이 강력한 하나님의 나라의 증인들이 도래하고 있다.

> 그러므로 형제들아 우리가 빚진 자로되 육신에게 져서 육신대로 살 것이 아니라 너희가 육신대로 살면 반드시 죽을 것이로되 영으로써 몸의 행실을 죽이면 살리니 무릇 하나님의 영으로 인도함을 받는 그들은 곧 하나님의 아들이라 너희는 다시 무서워하는 종의 영을 받지 아니하였고 양자의 영을 받았으므로 아바 아버지라 부르짖느니라 성령이 친히 우리 영으로 더불어 우리가 하나님의 자

녀인 것을 증거하시나니 자녀이면 또한 후사 곧 하나님의 후사요 그리스도와 함께 한 후사니 우리가 그와 함께 영광을 받기 위하여 고난도 함께 받아야 될 것이니라 생각건대 현재의 고난은 장차 우리에게 나타날 영광과 족히 비교할 수 없도다 피조물의 고대하는 바는 하나님의 아들들의 나타나는 것이니 피조물이 허무한 데 굴복하는 것은 자기 뜻이 아니요 오직 굴복케 하시는 이로 말미암음이라 그 바라는 것은 피조물도 썩어짐의 종노릇한 데서 해방되어 하나님의 자녀들의 영광의 자유에 이르는 것이니라 피조물이 다 이제까지 함께 탄식하며 함께 고통하는 것을 우리가 아나니 이뿐 아니라 또한 우리 곧 성령의 처음 익은 열매를 받은 우리까지도 속으로 탄식하여 양자 될 것 곧 우리 몸의 구속을 기다리느니라 (롬 8:12-23)

요약

다시 한번 강조하고자 하는 것은 교회의 기초는 예수 그리스도라는 사실이다. 이것은 초대교회에서 우리가 보는 것처럼 단순히 예수님에 대하여 가르치는 것이 아니라 예수님이 그들의 삶의 한가운데서 움직이시는 것이다. 초대교회의 역사를 보면 그 기록의 초점은 항상 그들 가운데서 역사하시는 하나님의 행적을 기록하였다. 초대교회는 신앙고백이나 프로그램위에 세워지지 않았고 살아있는 예수님과의 관계와 만남을 기초로 세워졌다. 그들은 매일 매일의 삶에 나타나신 하나님의 임재를 증거하는 증인이 되었다. 교회는 그들이 믿고있는 교리를 실현하는 장소가 아니고 그들의 삶의 중심에서 나타나신 주님을 증거하는 장소였다. 이러한 모습이 초대교회의 진정한 모습이며 이것이 마지막 날에 교회에 회복

될 진정한 교회의 모습이다. 사도행전 4:13-14에 보면 베드로와 요한이 산헤드린 앞에서 이야기 하는 모습이 나온다. 이것이 우리가 볼 수 있는 초대교회의 진정한 모습이다.

> 저희가 베드로와 요한이 기탄 없이 말함을 보고 그 본래 학문 없는 범인으로 알 았다가 이상히 여기며 또 그 전에 예수와 함께 있던 줄도 알고 또 병 나은 사람이 그들과 함께 섰는 것을 보고 힐난할 말이 없는지라 (행 4:13-14)

예수님과 동행하는 사람은 쉽게 알아 볼 수 있다. 우리가 얼마나 주님과 같이 시간을 보내고 주님과 함께 동행하는 정도에 따라 우리는 사람들에게 주님의 진정한 동반자로 드러나게 될 것이다. 이러한 일들이 우리에게 일어나게 되면 우리는 마치 초대교회의 사도들처럼 많은 사람들 앞에서 예수님의 증거자가 되며 우리가 예수님의 이름으로 치유하여 준 많은 사람들이 우리의 증거자가 될 것이다.

초대교회 역사를 보면 예수님은 분명히 그 자신을 사람들 가운데 드러내셨으며 그 시대의 믿는 자들을 통하여 놀라운 일들을 하셨다. 그러나 그분은 언제든지 그분과 함께 일하는 좋은 지도자들을 가지고 계셨다. 이들 지도자들은 그들이 갖고 있는 힘이나 능력으로 된 것이 아니고 단지 예수님의 부르심에 따랐던 사람들이다. 그리고 예수님은 늘 그들을 인도하시고, 그들은 예수의 인도하심만 따랐다. 베드로는 오순절 날에 용감히 일어서서 힘차게 복음을 선포하였다. 그리고 그 후에도 고넬료의 집에서 이방인들에게 복음을 전파했다. 그는 늘 예수님을 따랐기 때문에 계속해서 하나님의 교회를 주님이 원하시는 방향으로 이끌어 갔다. 사도들은 늘 놀라운 기적을 행하였다. 심지어는 죽은 자까지 살리었다. 진정한 지도력은 위치나 지위에서 나오는 것이 아니고 살아있는 행동에서 나오는 것이다! 이것이 바로 초대교회에 나타난 교회를 단단한 반석위에 세운 사도적 사역이다. 그리고 우리는 이 사도적 사역과 사도적 권위가 마지막 날에 교회에 회복될 것을 기대한다.

사도적 지도자들의 특징은 주님이 믿는 자들이나 사도들을 통하여 사람에게 복음을 전하면 그곳에 사람을 보내어 주님이 그들에게 하신 일들을 더욱 확실히 하고 그들이 처음 받은 믿음이 뿌리를 내리게 도와주었다. 그들이 빌립을 통하여 사마리아 사람이 복음의 말씀을 받았다는 이야기를 들었을 때 그들에게 사도들을 보내 그들의 믿음을 더욱 굳건하게 만들었다.

그들이 안디옥에서 이방인들이 복음을 받아들였다는 말을 들었을 때 그들은 바나바를 보내어 그들을 돕고 용기를 주며 그들의 믿음을 더욱 굳게 하였다. 이 영적인 지도자들은 단순히 사람들을 인도만 한 것이 아니라 성령의 흐름을 따랐으며, 하나님이 그의 사역을 위하여 누구를 사용하던지 상관하지 않고 그 사역을 도왔다.

초대교회는 사도들에 의하여 이끌어 진 것이 아니고 사도들과 더불어 일하신 예수님에 의하여 인도되었다. 이것은 마치 모세의 광야교회가 낮에는 구름기둥을 따르고 밤에는 불기둥을 따랐던 것과 같았다. 하나님이 움직였을 때 그들은 움직였고 하나님이 멈추었을 때는 하나님이 거하시는 장소에 성막을 쳤다. 그들은 오직 하나님의 임재가 그들을 이끌 때만 움직였다.

그들은 규칙과 규범이 아닌 살아계신 하나님이신 희생의 어린양만 따랐다. 하나님의 성전은 살아있는 돌로 지어졌다. 그리고 교회는 건물이 아닌 주님이 거하시는 사람들의 모임으로 인식되었다.

　초대교회는 담대하게 세상을 향하여 거대한 파도를 몰아쳐 보냈다. 이러한 담대함은 단순한 지적인 가르침이나 그 가르침에 동의하는 마음으로 생기지 않는다. 이 담대함은 그들의 삶가운데 살아계신 하나님을 경험한 신실함으로 생긴다. 가르침은 매우 중요하다. 그리고 성경에 기초를 둔 정확한 교리를 아는 것이 교회를 신실하게 세운다. 그렇지만 하나님으로부터 직접 음성을 듣지 못한 사람은 온 몸을 다하여 주님을 따를 수 없다. 그들이 담대히 예수님을 증거할 수 있는 뿌리는 그들의 삶가운데서 살아계신 하나님을 경험할 때만 가능하다. 그들은 하나님을 앎으로 자라갔다. 그러나 그것보다 더 그들은 하나님과 더욱 가까워짐으로 하나님과 깊은 관계에 들어갔다. 그리고 예수님은 그들의 삶에 실제적으로 나타나셨고, 예수님은 그들의 삶의 한 부분이 되셨다.

　모든 성도들을 향한 하나님의 궁극적 목표는 그들이 하나님과 같이 되는 것이다. 그리고 그들이 하나님이 하신 일을 그들도 하는 것이다. 하나님의 사람들은 하나님의 증인들이다. 그들이 하나님을 알고 보았기 때문이 아니라 하나님이 지금 그들과 함께 계시기 때문이다. 초대교회에 하나님의 임재는 역사적 사실이 아니고 그들의 삶속에 지금 일어나는 사실이었다. 그 현시적 하나님의 임재가 초대교회에 능력과 권위를 주었고 세상을 향하여 강력하게 복음을 전파하게 하였다. 이제 마지막 날이 오기 전에 그와 똑같은 능력의 사도적 교회가 우리가운데 다시 일어날 것이다. 오늘의 교회가 하나님의 거할 진정한 장소가 되게 하는 것이 우리의 궁극적 과제이다. 이 일이 사도들의 목표이며 의무이고 교회에 주어진 다른 모든 사역은 우리로 하여금 이 하나님의 거할 처소를 만들게 하시기 위하여 주신 은사이다.

우리가 성경에 나타난 증언들을 진솔하게 믿어야 한다는 의미는 단순이 그 시대에 일어났던 사실을 믿는 경지를 넘어서 그것이 지금 우리에게도 일어날 수 있음을 믿는 것이다. 성경에 쓰여진 사실을 진정으로 믿는다는 것은 성경에 쓰여진 사실들을 우리의 행동으로 증거하는 것이다. 그러나 진정한 사도적 기독교가 다시 나타나게 되면, 사도적 사역은 반드시 사탄의 공격을 심히 받게 될 것이다. 마치 초대교회처럼 마지막 시대의 사도적 교회들은 자신들이 진정한 기독교인이라고 이야기하며 자신들만이 진정으로 하나님의 진리의 수호자라고 하는 교회와 사람들로부터 극심한 박해를 받을 것이다. 선한 것은 항상 악한 강적을 만나게 되며 이 악한 강적과의 전투를 통하여 그 선은 더욱 정제되고 힘을 갖게 된다. 이 박해가 알곡으로부터 가라지를 분리하는 데 많은 도움이 될 것이다.

우리 함께 우리자신을 겸손히 점검하여 보자. 우리가 서 있는 교회가 과연 얼마나 성서에서 말하고 있는 교회에서 멀리 떨어져 있는가? 우리가 진실된 교회를 세우는 한 역할을 감당하려 한다면, 우리가 가진 소수의 사역들을 건설하는 것을 뛰어 넘어야 한다. 진실된 교회를 세우기 위해서 교회를 중심으로 설교하는 것을 초월하여 하나님 나라를 선포해야 한다. 그것은 우리 왕되신 예수 그리스도의 통치와 다스리심이 있는 하나님 나라이다. 우리가 사도들이 진정으로 되고자 갈망한다면, 우리가 간구해야할 것은 우리의 영광이 아니라, 하나님 그 분의 영광인 것이다.

Chapter 7
유대인의 뿌리들과 이방인의 가지들

우리는 초대교회를 시간을 두고 유심히 살펴보아야 한다. 그렇게 함으로 우리는 교회의 기초에 대하여 좀 더 확실히 이해할 수 있게 될 것이다. 만약 교회의 기초가 잘못되었다면 쌓인 것 만큼 무너져 내릴 것이다. 만약 우리가 초대교회의 신실한 기초를 발견하고 그 초대교회가 세상을 회복시킴을 확인 했다면, 우리도 마땅히 그 기초위에 교회를 회복시켜야 한다. 그때 우리는 교회를 진정으로 회복시키는 요소가 무엇인가를 이해하게 될 것이다. 이 세대의 종말이 오기 전에 교회는 다시 그 순수성을 회복하게 될 것이고 단장한 신부로서 신랑이신 어린 양을 맞이하게 될 것이다.

표징

오순절 날에 성령이 제자들 위에 임하였고, 그들은 모두 방언을 하게 되었다. 후에 사도 바울은 이 표징은 하나님이 영적선물로 그들에게 주신 것이라고 설명하였다(고린도전서 14:22 참조). 이 표징은 성령이 이 땅에 처음 임할 때 주어진 표징이었으며, 이것을 이해하는 것은 우리에게 매우 중요하다. 그런데 이것을 이해할 수 있는 열쇠가 창세기 11:1-9에 나와 있다.

> 온 땅의 구음이 하나이요 언어가 하나이었더라 이에 그들이 동방으로 옮기다가 시날 평지를 만나 거기 거하고 서로 말하되 자, 벽돌을 만들어 견고히 굽자 하고 이에 벽돌로 돌을 대신하며 역청으로 진흙을 대신하고 또 말하되 자, 성과 대를 쌓아 대 꼭대기를 하늘에 닿게 하여 우리 이름을 내고 온 지면에 흩어짐을 면하자 하였더니 여호와께서 인생들의 쌓는 성과 대를 보시려고 강림하셨더라 여호와께서 가라사대 이 무리가 한 족속이요 언어도 하나이므로 이같이 시작하였으니 이후로는 그 경영하는 일을 금지할 수 없으리로다자, 우리가 내려가서 거기서 그들의 언어를 혼잡케 하여 그들로 서로 알아듣지 못하게 하자 하시고 여호와께서 거기서 그들을 온 지면에 흩으신 고로 그들이 성 쌓기를 그쳤더라 그러므로 그 이름을 바벨이라 하니 이는 여호와께서 거기서 온 땅의 언어를 혼잡케 하셨음이라 여호와께서 거기서 그들을 온 지면에 흩으셨더라 (창 11:1-9)

바벨탑에서 일어났던 것과 정반대의 현상이 오순절에 나타났으니 우리는 그 현상을 사도행전 2:5-12절에서 볼 수 있다. 인간이 바벨탑을 쌓으므로 흩어졌던 모든 언어가 처음으로 하나로 이해되는 현상이 나타났다.

그 때에 경건한 유대인이 천하 각국으로부터 와서 예루살렘에 우거하더니 이 소리가 나매 큰 무리가 모여 각각 자기의 방언으로 제자들의 말하는 것을 듣고 소동하여 다 놀라 기이히 여겨 이르되 보라 이 말하는 사람이 다 갈릴리 사람이 아니냐 우리가 우리 각 사람의 난 곳 방언으로 듣게 되는 것이 어찜이뇨 우리는 바대인과 메대인과 엘람인과 또 메소보다미아, 유대와 가바도기아, 본도와 아시아, 브루기아와 밤빌리아, 애굽과 및 구레네에 가까운 리비야 여러 지방에 사는 사람들과 로마로부터 온 나그네 곧 유대인과 유대교에 들어온 사람들과 그레데인과 아라비아인들이라 우리가 다 우리의 각 방언으로 하나님의 큰 일을 말함을 듣는도다 하고 다 놀라며 의혹하여 서로 가로되 이 어찐 일이냐 하며 (행 2:5-12)

이 표징은 교회가 인간의 언어를 흩어놓았던 바벨탑에 대항하는 장소임을 대변하는 강력한 계시이다. 이제 모든 나라에서 각국 언어를 말하는 사람들이 다 함께 하나님의 교회에 모여 하나님의 언어로 하나가 되어 서로 교통하며 하나가 될 것이다. 그리고 그 메시지는 단 하나 오직 하나님의 영광이신 예수님에 관한 것이다. 예수님은 하나님의 말씀이고 하나님의 화해자이시다. 세상은 종국적으로 그로 말미암아 모두 하나가 될 것이다.

그때 이후로 우리는 교회사를 살펴보면 복음은 한곳에 집중되기 보다는 사방으로 흩어져나간 것을 볼 수 있다. 하나님의 말씀은 영원하시다. 교회도 아닌, 인간의 교리나 본성이 아닌 주님이 높임을 받으실때, 영원하신 말씀이 다시 임하게 될 것이며 모든 사람들은 그 앞에 무릎을 꿇게 될 것이다. 그날에 주님은 모든 사람의 마음의 열망함이 될 것이다. 마지막 날이 오기 전에 교회는 살아계신 주님을 볼 것이요, 주님은 만민 앞에 나타날 것이다. 그때 모든 나라로부터 모든 민족이 그곳으로 모일 것이다.

우리가 복음을 대변하는 교회 안에 분란이 있는 것을 볼 때 왜 하나님을 믿는 성도들이 서로를 의심하고 하나 되지 못하는가 하고 의문을 가질 수 있다. 그러나 하나님 나라에서는 하루가 천년이 되는 것을 기억하라 (베드로 후서 3:8 참조). 우리가 천년이 걸려야 화합이 이루어 질것이라고 생각하는 일을 하나님은 하루 만에 이루신다. 이제 마지막 날이 가까웠으므로 이 하나 되는 일이 갑자기 이루어 질 것이다.

이러한 주님의 날을 예비하기 위하여 우리는 교회가 어떻게 진정한 모습에서 벗어나 분리의 길을 걷게 되었는가를 알아야 한다. 우리가 되돌아와야 할 시기를 놓치고 계속 잘못된 길로 가게 되면, 우리가 비록 선한 뜻으로 교회를 이끌어 간다 할지라도 우리는 바른 길로 들어서지 못할 것이다. 우리는 지금 우리가 되돌아가야 할 시점을 놓친 그곳으로 다시 돌아가 바른 길로 들어서야 한다. 이것을 우리는 "회개"라고 부른다. 이것이 바로 우리가 현재 서있는 자리를 되돌아보면서 교회의 역사를 공부하는 이유이다. 그때 우리는 우리의 미래를 더욱 정확히 볼 수 있을 것이다.

바벨탑은 인간이 자기 자신의 이름을 높이고자 하는 대표적인 표징이다. 그들은 자신들의 목표를 만들고 사람들을 그곳으로 모아서 그들의 힘이 하늘까지 미치게 하려고 했다. 이것은 하나님의 구원 계획과 정면으로 상치된다. 하나님은 사람들이 그의 이름을 알기위해 모이고 또 아들 예수께 나아와 그분이 제시한 방법으로 하나님의 나라에 이르기를 원하신다.

오순절 날에 주님이 우리에게 주신 표징은 사람의 능력이나 힘으로 된 것이 아니고 오직 성령에 의하여 이루어진 것이다. 교회는 하늘로 가는 하나님의 탑이 될 것이다. 그리고 그 교회에 많은 사람이 모여 같은 목적으로 같은 언어로 하나님께 영광을 돌릴 것이다. 이것이 바로 예수 그리스도의 복음이다.

잘못된 길로 감

얼마 전에 애틀랜타로 이사한 나의 친구로부터 한 이야기를 들었다. 그가 애틀랜타로 가면서 국도 85번에 많은 커다란 길안내 표시판이 있는데 그중에서도 작게 자기가 85번 국도를 달리고 있다고 알려주는 작은 표시판이 가장 고마웠다고 했다. 하나님의 표지판도 우리에게 우리가 하나님의 길을 가고 있다고 알려주고 계속 그 길을 가라고 하신다. 그 첫 번째 표시는 교회가 처음 탄생될 때 나타날 오순절 사건이고 그것은 매우 중요한 표징이다. 오직 성령만이 무엇이 성령인지를 알게 한다. 오직 예수님이 높임을 받아야 만이 사람들이 진정으로 하나 될 수 있다.

바벨탑의 사건은 인간들이 하나님이 원하시는 길에서 벗어나 자기의 잘못된 길을 가는 모습을 보여준 것이요, 하나님이 원하시는 길을 갈 수 있는 분은 오직 한분 예수님 밖에 없다. 예수님은 사람들이 하나 되기를 원하시며, 우리에게 그의 이름을 주사 그를 통하여 하나님 나라에 이르게 하시고 그의 보좌 곁에 앉게 하신다. 그러나 이일은 오직 성령에 의해서만 가능하다.

초대교회시절이 지난 후 교회는 잘못된 길로 가고 있다. 그래서 교회는 바벨탑시절의 인간들이 시도했던 잘못을 범하고 있다. 예수의 이름을 높이기 보다는 교리와 지식을 과시하고, 교회의 이름을 대표하기 보다는 교회의 지도자나 개인의 이름을 높이고 있다. 교회는 원래 하나님과 인간의 중재자 역할을 하며 성도들을 천국으로 이끄는 장소의 대변자가 되었는데 그 소명을 잃고 교리의 투쟁장소가 되고 개인의 명성을 자랑하는 장소가 되어 버렸다. 그래서 교회 역사학자들은 이 시대를, '암흑의 시대'라고 부른다.

우리가 사람들을 프로그램으로 모으려고 하면 아무리 우리가 선한 의도를 가지고 있고 영적인 마음을 갖고 있다고 해도, 종국적으로 사람들은 모여지기 보다는 더욱 흩어지고 분란만 생길 것이다. 교회가 하나님이 원하시는 길로 가고 있는지 알려면 우리는 늘, '지금 당신의 교회는 예수님과 함께 있습니까?' 하는 조그만 표시를 눈여겨보아야 한다. 만약 교회가 예수님을 중심으로 일하지 않으면 교회는 하나님의 주목을 받지 못하며 결국 하나님은 그곳에서 떠나실 것이다.

우리가 교회의 역사를 살펴보면 많은 교회들이 자신들의 힘으로 바벨탑을 쌓으려 노력한 것을 볼 수 있다. 그리고 교회가 그러한 어리석은 일을 하면서 자신들의 힘으로 천국까지 오르려고 할 때 하나님은 다시 세상을 내려 보시며 그들의 언어를 흩으시고 그 탑을 무너뜨리심을 본다. 지금 우리는 수많은 언어와 교단과 운동들 가운데 싸여있다. 그렇기 때문에 우리는 하나 될 수가 없고 아무리 우리가 그 어리석은 바벨탑을 쌓는 일을 계속한다고 하더라고 우리의 탑은 결코 이루어 질 수 없다. 그러나 이 모든 교회와 세상을 단 하나로 만들 분은 오직 하나님의 아들이신 예수 그리스도 한 분 뿐이다.

교회의 발생지

사람은 그가 태어난 문화와 조건에 의하여 그의 성격과 성품이 결정된다. 그리고 그것에 의하여 그가 삶을 바라보는 가치관이 정하여 진다. 이와 마찬가지로 교회도 분명히 하나님에 의하여 태어났고 하나님의 나라에 의하여 영향 받아 그 문화가 형성되었다. 그러나 교회가 처음 몇 세기 동안 그가 태어난 영적인 문화를 충분히 이해하는 것에 주의를 기울이지 못함으로 많은 잘못을 저질렀으며 그 많은 잘못들이 오늘날도 계속되고 있다.

교회는 유대주의의 문화에서 태어나고 성장했다. 예수님도 유대인 이셨다. 교회도 처음 몇 년 동안은 유대문화에 있었다. 그리고 초기 예수님의 제자들도 계속하여 유대문화를 따랐다. 쉽게 볼 때 그 시대 교회가 유대교회와 마찰이 있었다고 말 할 수도 있다. 그러나 사실은 초대 사도들은 교회를 이스라엘 나라와 전혀 다른 새로운 믿음의 공동체라고 생각하기 보다는 유대교의 한 연장선으로 보았다. 그리고 이러한 현상은 처음 2세기 동안은 계속되었다.

이스라엘은 기독교를 태어나게 한 모태이며 그 씨앗이었다. 이것은 우리가 구약에서도 살펴볼 수 있는 하나님의 목적이다. 하나님은 아브라함을 불러서 그의 사람으로 만드시고 이스라엘 나라를 그의 아들이 되게 하셨다. 이것은 구약에 나타난 하나님이 이스라엘을 향한 사랑의 이야기이다.

이 이스라엘이 비록 그의 자녀인 교회의 적이 되어 교회를 박해하고 말살하려고 했지만 그것이 결국은 교회를 더욱 성장시키고 발전하게 만들었다. 교회의 토대는 유대문화와 구별을 두어 분리를 조장한 로마가 아닌 예루살렘을 근간으로 하였다. 초대 교회의 탄생은 20년간 유대국가와 개종자 간에 중요한 구분을 고려 하도록 만들었다. 이것은 사도 바울이 탄생시킨 새로운 씨앗들을 통해서 그의 수고와 함께 성취 되었다. 바울의 탁월한 목회사역과 가르침은 고난 가운데 있는 성도들을 도우며 세워갔고, 기독교는 이제 유대교의 문을 지나지 않고 독자의 길로 성장해 나갔다. 참으로 놀라운 사실은 한때는 기독교인을 박해하고 죽이던 과격한 유대인이요, 바리새인인 바울이 변화되어 이 큰 일을 감당했다는 것이다.

보기위하여 눈먼 자가 되자

바울의 유대교 전통에 대한 열정이 그에게 복음의 진리를 받아들이는데 어려움을 주었다. 이러한 충격은 그로 하여금 다른 사람보다 더 깊게 유대교 전통에 대하여 점검하게 하였다. 바울의 회심은 그로 하여금 눈을 멀게 하였고 다시 보게 하였다. 이 사건이 그로 하여금 진리를 보는 관점이 완전히 바뀌지게 만들었다. 그리고 이 사건은 종국적으로 그로 하여금 항상 거대한 영적인 안목이 열리게 하는 계기가 되었다. 가장 커다란 변화는 과격하고 융통성이 없는 유대교 열광자가 위대한 은혜의 사도가 되었다는 것이다. 바울은 영원히 하나님의 능력으로 구원받은 자중에 가장 큰 사람 중의 하나가 될 것이다.

삼일 후에 바울이 그의 실명을 치유 받은 후에도 그가 사물을 성령 안에서 확실히 보기에는 시간이 좀 걸렸다. 갈라디아서에 그가 언급하기를 그는 주님을 만난 후 주님과 함께 광야에서 14년을 보내면서 연단을 받았다고 했다. 어떤 의미에서 이 광야에서의 연단이 복음의 기초가 되는 율법과 예언들을 이해하는 기초가 됐다고 생각할 수 있다.

바울은 이스라엘의 지도자들이 율법과 예언을 해석하면서 왜 구세주가 이 땅에 오셨음에도 그를 알아보지 못하고 그를 박해하는 잘못을 저질렀는지 찾을 수 있었다. 이것이 그가 강하게 하나님의 은혜에 온 몸을 다 바칠 수 있는 기초가 되었다. 그리고 이 사실이 그를 박해하고 그의 삶을 어둠의 길로 몰고 가는 유대교 지도자들을 이해하고 불쌍히 여길 수 있게 하였다.

마치 바울의 눈이 열린 것처럼 교회가 유대교를 기독교와 전혀 다른 분파로 보는 관점에서 하나님의 진정한 새로운 피조물로 바로 보는 변화가 일어났다. 그리고 그것은 시간이 지나면서 점점 더 확산되었다. 바울은 이것에 대하여 로마에 있는 이방인의 교회에 쓴 편지에서 분명히 말하였다.

로마서는 성서가운데 가장 광범위한 신약의 해석과 그 신학적 이론들을 다루고 있다. 그리고 바울은 기독교에서 이스라엘의 위치에 관하여 9장에서 11장까지 매우 중요한 그의 신학적 논리를 펼쳐나갔다. 우리는 이 장들을 매우 열심히 그리고 반복하여 공부할 필요가 있다. 여기에서 나는 이 가운데 가장 중요한 로마서 11:1-32절을 여러분에게 소개한다.

> 그러므로 내가 말하노니 하나님이 자기 백성을 버리셨느뇨 그럴 수 없느니라 나도 이스라엘인이요 아브라함의 씨에서 난 자요 베냐민 지파라 하나님이 그 미리 아신 자기 백성을 버리지 아니하셨나니 너희가 성경이 엘리야를 가리켜 말한 것을 알지 못하느냐 저가 이스라엘을 하나님께 송사하되 주여 저희가 주의 선지자들을 죽였으며 주의 제단들을 헐어버렸고 나만 남았는데 내 목숨도 찾나이다 하

니 저에게 하신 대답이 무엇이뇨 내가 나를 위하여 바알에게 무릎을 꿇지 아니한 사람 칠천을 남겨 두었다 하셨으니 그런즉 이와 같이 이제도 은혜로 택하심을 따라 남은 자가 있느니라 만일 은혜로 된 것이면 행위로 말미암지 않음이니 그렇지 않으면 은혜가 은혜 되지 못하느니 그런즉 어떠하뇨 이스라엘이 구하는 그것을 얻지 못하고 오직 택하심을 입은 자가 얻었고 그 남은 자들은 완악하여졌느니라 기록된 바 하나님이 오늘날까지 저희에게 혼미한 심령과 보지 못할 눈과 듣지 못할 귀를 주셨다 함과 같으니라 또 다윗이 가로되 저희 밥상이 올무와 덫과 거치는 것과 보응이 되게 하옵시고 저희 눈은 흐려 보지 못하고 저희 등은 항상 굽게 하옵소서 하였느니라 그러므로 내가 말하노니 저희가 넘어지기까지 실족하였느뇨 그럴 수 없느니라 저희의 넘어짐으로 구원이 이방인에게 이르러 이스라엘로 시기나게 함이니라 저희의 넘어짐이 세상의 부요함이 되며 저희의 실패가 이방인의 부요함이 되거든 하물며 저희의 충만함이리요 내가 이방인인 너희에게 말하노라 내가 이방인의 사도인 만큼 내 직분을 영광스럽게 여기노니 이는 곧 내 골육을 아무쪼록 시기케 하여 저희 중에서 얼마를 구원하려 함이라 저희를 버리는 것이 세상의 화목이 되거든 그 받아들이는 것이 죽은 자 가운데서 사는 것이 아니면 무엇이리요 제사하는 처음 익은 곡식 가루가 거룩한즉 떡덩이도 그러하고 뿌리가 거룩한즉 가지도 그러하니라 또한 가지 얼마가 꺾여졌는데 돌감람나무인 네가 그들 중에 접붙임이 되어 참감람나무 뿌리의 진액을 함께 받는 자 되었은즉 그 가지들을 향하여 자긍하지 말라 자긍할지라도 네가 뿌리를 보전하는 것이 아니요 뿌리가 너를 보전하는 것이니라 그러면 네 말이 가지들이 꺾이운 것은 나로 접붙임을 받게 하려함이라 하리니 옳도다 저희는 믿지 아니하므로 꺾이우고 너는 믿으므로 섰느니라 높은 마음을 품지 말고 도리어 두려워하라 하나님이 원 가지들도 아끼지 아니하셨은즉 너도 아끼지 아니하시리라 그러므로 하나님의 인자와 엄위를 보라 넘어지는 자들에게는 엄위가 있으니 너희가 만일 하나님의 인자에 거하면 그 인자가 너희에게 있으리라 그렇지 않으면 너도 찍히는 바 되리라 저희도 믿지 아니하는 데 거하지 아니하면 접붙임을 얻으리니 이는 저희를 접붙이실 능력이 하나님께 있음이라 네가 원 돌감람나무에서 찍힘을 받고 본성을 거스려 좋은 감람나무에 접붙임을 얻었은즉 원 가지인 이 사람들이야 얼마나 더 자기 감람나무에 접붙이심을 얻으랴 형제들아 너희가 스스로 지혜있다 함을 면키 위하여 이 비밀을 너희가 모르기를 내가 원치 아니하노니 이 비밀은 이방인의 충만한 수가 들어오기까지 이스라엘의 더러는 완악하게 된 것이라 그리하여 온 이스라엘이 구원을 얻으리라 기록된 바 구원자가 시온에서 오사 야곱에게서 경건치 않은 것을 돌이키시겠고 내가 저희 죄를 없이 할 때에 저희에게 이루어질 내 언약이 이것이라 함과 같으니라 복음으로 하면 저희가 너희를 인하여 원수 된 자요 택하심으로 하면 조상들을 인하여 사랑을 입은 자라 하나님의 은사와 부르심에는 후회하심이 없느니라 너희가 전에 하나님께 순종치 아니하더니 이스라엘의 순종치 아니함으로 이제 긍휼을 입었는지라 이와 같이 이 사람들이 순종치 아니하니 이는 너희에게 베푸시는 긍휼로 이제 저희도 긍휼을 얻게 하려 하심이니라 하나님이 모든 사람을 순종치 아니하는 가운데 가두어 두심은 모든 사람에게 긍휼을 베풀려 하심이로다

여기에서 우리는 하나님은 결코 그가 택한 백성을 버리지 않으심을 볼 수 있다. 비록 유대인이 복음에 대적한다 할지라도(28절) 이것은 교회의 유익을 위한 것 이었다. 부분적으로 유대인들이 복음에 도전하고 어려움을 주고 있지만 그들이 주는 고난은 복음을 더욱 강하게 만드시는 하나님의 목적이시다. 진정한 기독교의 진리는 이 모든 적들을 물리칠 것이다.

교회가 직면했던 가장 최악의 문제들은 세상이 교회를 품어 받아들였을 때 였다.

바울이 로마인들에게 언급하였듯이 교회는 사람들을 하나님께로 이끌도록 부름 받았다. 그러므로 그가 유대인의 구원에도 지극히 관심이 있음은 너무도 당연하다. 그러므로 교회가 유대인에게 까지 전도의 영향을 미치면 결국 온 세계에 전도를 한 것이나 마찬가지이다. 이것이 바로 왜 복음이 자신들이 전하기 편한 지역에 먼저 전해지는 것이 아니고 유대인들에게 먼저 전해야 하는 이유이다. 그러나 비록 그들이 진리를 소유하였다 하더라도 유대인을 뚫고 들어가기에는 많은 어려움이 있었다. 우리가 유대인들이 질투할 만큼 믿음을 가질때까지, 우리는 하나님이 계획하신 성숙함과 풍성함을 소유할 수 없다.

하나님이, "참가지들"을 회복시키고자 하는 것은 분명하다. 그리고 이 일을 이방인들을 통하여 하시고자 하는 계획도 분명하다. 이방인들은 말씀의 축복을 받았고, 유대인을 통하여 메시아도 만났다. 그리고 유대인들은 이방인들을 통하여 하나님의 복음의 축복을 받을 것이다. 모든 사람들은 하나님의 자비와 사랑이 필요하다. 그리고 그 모든 사람 중에는 예수님을 구세주로 받아들이기를 거부하였던 유대인도 포함된다. 하나님은 그의 은혜를 겸손한 자들에게 주신다(야고보서 4:6참조). 이방인들은 그들의 겸손 때문에 유대인을 통하여 하나님의 은혜를 받았다. 그리고 유대인들도 겸손한 마음을 갖게 됨으로 이방인들을 통하여 하나님의 은혜를 받을 것이다.

가장 중요한 선지자나 왕들, 영적인 운동들은 불가피하게도 고난을 통하여 태어났다. 하나님의 방법은 항상 죄 된 인간의 방법과 반대이다. 하나님의 지혜는 어떤 위대한 인간의 지혜보다 뛰어나다. 그러나 하나님의 지혜는 진실로 어린아이와 같은 겸손한 눈을 통해야만 볼 수 있다.

왜 유대교가 여러 세기동안 기다렸던 메시아가 오셨음에도 거부하였는가? 우리도 우리의 교회들을 살펴 볼 필요가 있다. 지금 제도 가운데 안주되어 있는 교회들이 오시는 주님을 보지 못하고 그 주님을 죽이고 박해하는 자리에 있지 않은지 살펴보아야 한다. 그 시대에 역사했던 사탄이 똑같은 모습으로 오늘의 새로운 성령의 운동을 박해하고 이 운동이 점점 확산되는 것을 말살시키고 있는 지도 모른다. 이 비극의 순환은 끝나야만 한다. 그러나 그것은 우리가 그것이 시작한 근본의 뿌리로 돌아가지 전까지는 끝나지 않을 것이다.

교회는 유대교와 부딪쳐 어려움을 겪으면서 자신들의 삶과 말씀에 더욱 연단을 가하는 대신 유대인에게 먼저 말씀을 전하라는 예수님의 명령을 피해갔다. 예루살렘이 파괴된 후 교회의 영적 중심지는 점점 서쪽으로 움직이다가 마침내 로마가 중심이 되었다. 이후 유대주의에 관련된 모든 연결 고리는 잊혀져 갔었다. 그러나 바울은 우리가 결코 원가지를 잊어버리거나 무시하지 않아야 한다고 경고했다. 그리고 그렇게 되면 원가지가 뿌리에서 잘림을 당하는 일이 있을 것이라고 경고했다. 이것은 성령의 능력과 생명이 사도들과 유대주의에게도 이질적이었던 종교적 의식들로 점차 대체되는 것을 낳았다.

율법이 예언되었다

교회는 하나님의 소유이며 그의 거하시는 장소로 부름 받았다. 율법은 바로 그의 백성들에게 이 일을 잘 감당하기 위하여 만들어졌다. 율법은 우리를 의롭게 만들고 거룩하게 만들기 위하여 만들어진 것은 아니지만 우리는 율법을 통하여 하나님의 의와 거룩하심의 기준이 무엇인가를 알 수 있다. 그리고 우리가 의롭지 못하고 거룩하지 못하면 어떻게 되는 가를 알게 한다. 율법은 우리가 거룩한 삶을 살기 위해서는 하나님의 구원과 그의 능력이 꼭 필요하다는 것을 계시해 주고 있다.

율법은 우리를 구원의 핵심인 십자가로 이끌고 간다. 율법은 우리로 하여금 용서가 무엇인가를 보여줄 뿐만 아니라 하나님 앞에서 우리가 거룩한 삶을 살도록 힘을 주고 능력을 준다.

율법은 우리를 이끌어 주는 십자가를 단순한 죄의 용서의 차원을 넘어서 우리가 죄로부터 온전히 해방하게 한다. 십자가는 우리로 하여금 하나님 앞에서 하나님의 능력으로 바른 길을 걸으며 살게 한다. 그러나 율법은 우리에게 바른 길이 무엇인지는 보여주지만 우리에게 바른 길을 가게 하는 능력을 주지는 않는다. 이것에 대한 기본적인 진리는 바울이 그의 책 갈라디아서에 언급하였다.

우리가 약간은 이해하기 어렵지만 하나님이 율법을 제정하신 다른 목적이 있다. 마태복음 5:18에 보면 하나님이 율법을 만드신 목적이 써있다. **"진실로 너희에게 이르노니 천지가 없어지기 전에는 율법의 일점 일획이라도 반드시 없어지지 아니하고 다 이루리라"** 물론 이 이야기가 신약의 명령과 상치가 되는 점이 있지만 예수님은 우리가 이 모든 율법을 다 지킬 때 까지 없어지지 않을 것이라고 했다. 그러나 예수님이 여기서 율법의 목적에 대하여 설명하신 것은 많은 예언적 선포가 포함되어있다. 이 점에 대하여 주님은 마태복음 11:13에서 다시 한 번 확인하고 있다: "모든 선지자와 및 율법의 예언한 것이 요한까지니"

이 이야기에는 오실 그리스도에 대한 예언일 뿐 아니라 역사상에 나타나실 주님에 대한 놀라운 이야기가 담겨있다. 이는 예수님의 크신 지혜의 말씀이다. 주님은 앞으로의 교회가 저지를 잘못들을 예언하고 계신 것이다. 우리는 그러한 교회의 배교와 다시 주님의 은혜로 영광스럽게 회복된 사실을 알고 있다.

율법에 나와 있는 예배형식과 제사들은 모두 예언적으로 그리스도를 상징한 것이다. 이것이 바로 왜 예수님과 초대교회가 계속적으로 율법을 따랐는가 하는 이유이다. 율법은 우리를 의롭게 만들지 못한다. 오직 십자가만이 우리를 의롭게 한다. 그러나 초대교회는 율법에 나타난 예배의식을 관찰하며 따랐으며 이제는 예수 그리스도 안에서 모든 것이 완성되었다. 교회가 유대교의 뿌리를 완전히 잘라버렸을 때 이교도들의 예배의식이 예수님을 전하는 사람들안에 대체되어 자리잡았고, 그때부터 교회는 깊은 암흑의 시대를 걷게 됐다.

현대 기독교인들은 가끔 구약이 초대교인들이 가졌던 유일한 성경이였다는 사실을 잊어버리고 있다. 그리고 구약이 믿음을 기초로 하는 신약의 교리를 만드는 뿌리가 되었다는 사실도 잊고 있다. 사도들은 율법과 선지자들을 그들이 본 하나님 나라의 계시를 위하여 사용하였고, 이것을 통하여 예수가 약속하신 메시아임을 증거했다. 우리는 이것을 아래의 본문에서 살펴 볼 수 있다.

> 나의 복음과 예수 그리스도를 전파함은 영세 전부터 감취었다가 이제는 나타내신 바 되었으며 영원하신 하나님의 명을 좇아 선지자들의 글로 말미암아 모든

> 민족으로 믿어 순종케 하시려고 알게하신 바 그 비밀의 계시를 좇아 된 것이니 이 복음으로 너희를 능히 견고케 하실 (롬 16:25-26)
>
> 저희가 일자를 정하고 그의 우거하는 집에 많이 오니 바울이 아침부터 저녁까지 강론하여 하나님 나라를 증거하고 모세의 율법과 선지자의 말을 가지고 예수의 일로 권하더라 (행 28:23)

바울이 로마서 16장에 언급한 선지자의 글은 바로 구약을 의미하며 다른 그의 편지에서도 언급된 많은 말씀은 구약을 이야기 한 것이다. 그들이 서신을 쓰기 전까지는 신약을 가지고 있지 않았다. 다시 한 번 말하지만, 구약은 초대교회가 가진 유일한 성경이다. 구약은 그들이 만든 모든 교리나 교인들의 생활강령의 기초가 되었고 거기에는 그리스도를 통한 하나님의 은혜를 말하는 그들의 계시가 포함 되어 있었다.

우리는 구약은 율법이요 신약은 은혜라고 생각하는 경향이 있다. 이것은 진리가 아니다. 구언약은 문서이고, 새언약은 성령으로 인한 믿음으로 얻게된다. 만약 우리가 신약을 구언약의 마음으로 읽으면 신약은 당신에게 율법이 될 것이고, 만약 우리가 구약을 새언약의 마음으로 읽으면 우리는 그곳에서 그리스도를 발견할 수 있다.

신약에서 예수님의 사역과 사역의 장소에 대하여 사용되는 용어들은 구약에 나타난 율법과 선지서에서 사용된 용어들이다. 신약에서 예수님을 높은 제사장이라고 부르는데 그 용어는 구약에서 이스라엘 나라와 하나님사이의 중재자에게 사용하는 용어이다. 신약에서 예수님이 하나님의 어린 양으로 묘사되는데, 구약에서는 율법에 나타난 희생양으로 사람들의 죄를 대속하기 위하여 드려지는 양을 부를 때 사용하는 단어이다. 이것이 바로 요한복음 5:46-47에서 예수님을 희생의 양이라고 부른 이유이다.

> 모세를 믿었더면 또 나를 믿었으리니 이는 그가 내게 대하여 기록하였음이라 그러나 그의 글도 믿지 아니하거든 어찌 내 말을 믿겠느냐 하시니라 (요 5:46-47)

예수님은 이와 비슷한 이야기를 누가복음 24:25-27에서도 하셨다.

> 가라사대 미련하고 선지자들의 말한 모든 것을 마음에 더디 믿는 자들이여 그리스도가 이런 고난을 받고 자기의 영광에 들어가야 할 것이 아니냐 하시고 이에 모세와 및 모든 선지자의 글로 시작하여 모든 성경에 쓴 바 자기에 관한 것을 자세히 설명하시니라 (눅 24:25-27)

우리가 만약 율법과 선지서에 쓰인 이야기를 모두 믿지 않으면 우리는 어리석은 자가 될 것이다. 오늘의 교회도 율법과 선지서에 쓰인 모든 이야기들을 믿지 않는다면 똑 같은 어리석은 자가 될 것이다. 우리는 또한 바울이 디모데후서 3:14-17에 언급한 이야기를 마음속에 새기어 놓아야 할 것이다.

> 그러나 너는 배우고 확신한 일에 거하라 네가 뉘게서 배운 것을 알며 또 네가 어려서부터 성경을 알았나니 성경은 능히 너로 하여금 그리스도 예수 안에 있는 믿음으로 말미암아 구원에 이르는 지혜가 있게 하느니라 모든 성경은 하나님의 감동으로 된 것으로 교훈과 책망과 바르게 함과 의로 교육하기에 유익하니 이는 하나님의 사람으로 온전케 하며 모든 선한 일을 행하기에 온전케 하려 함이니라 (딤후 3:14-17)

물론 여기에서 바울이 언급한 모든 성경은 구약을 말하고 있다. '율법과 선지서'는 초대교회가 가지고 있던 유일한 성경이였다. 그리고 그 성경은 초대교회가 사회를 온전히 바꾸어 놓기에 충분한 것이였다. 지금 우리는 신약성경을 갖고 있다. 이것은 주님이 우리를 위해 준비해 놓으신 최고의 포도주이다. 그리고 주님은 이것을 우리가 마지막을 준비하기 위하여 마련해 주신 것이다. 그러므로 신약성경은 결코 구약성서의 보충서적이 아니다. 우리가 신약성경의 서신들을 볼 때 어느 것이 단단한 고기 같다고 생각하는가? 히브리서에 보면 성도들이 아직 단단한 음식을 먹지 못하여 우유밖에 줄 수 없음을 안타까워하는 대목이 나온다.

히브리서의 대부분은 멜기세덱과 장막에 관한 것이고, 하나님이 목적하신 광범위한 총체적인 관점은 여전히 단단한 음식이 아닌 영적인 우유와 같았다. 오늘의 기독교인 가운데 얼마나 많은 사람이 멜기세덱의 제사장적 직분에 관하여 알고 있는가? 우리가 그리스도 안에서 부름 받음이 제사장 직분을 받는 것이다. 그러므로 우리를 부르신 순간에 우유를 떼고 성장하여 단단한 음식을 먹게 되는 시기가 아닌가? 그런데 단단한 음식의 대부분은 구약에서 찾아 볼 수 있다. 그리고 그 구약의 단단한 음식은 오직 우리가 예언을 이해하게 될 때 먹을 수 있다.

뿌리와 가지들

지금 내가 언급한 이야기들이 유대교와 이방인들의 교회 사이에 격차를 좁힐 수 있을까? 첫째, 우리는 하나님이 두 교회 사이에 일정한 간격을 두심을 보아야하고 그것에 하나님의 어떤 목적이 있음을 알아야 한다. 그리고 이 둘이 그리스도 안에서 하나임을 알아야한다. 비록 그 둘이 여러 면에서 다르지만 여기에는 하나님의 깊은 의도가 있다. 분명한 것은 하나님 안에서 유대교는 뿌리이며 이방인의 교회는 가지이며, 이방인 교회는 유대교의 뿌리에 연결되어 있다는 사실이다. 그리고 이방인의 교회는 유대교 크리스천과 여러 면에서 다르지만 그들 나름대로 교회를 세워서 신실한 신앙생활을 하도록 하나님이 허락하셨다. 이들 교회는 초기 사도들에 의하여 축복을 받으며 용기를 얻으며 시작되었고 성령이 그들의 일어남을 도왔고 그들은 성경에 기초를 두고 교회를 세웠다. 예루살렘의 첫 번 교부회의에서 이들은 인정을 받았으며, 이방교회는 이방인들을 종교와 율법의 사슬에서 해방시켰다. 이방교인에 대한 결론을 사도행전 15:28-29에 나와 있다.

> 성령과 우리는 이 요긴한 것들 외에 아무 짐도 너희에게 지우지 아니하는 것이 가한 줄 알았노니 우상의 제물과 피와 목매어 죽인 것과 음행을 멀리 할지니라 이에 스스로 삼가면 잘되리라 평안함을 원하노라 하였더라 (행 15:28-29)

우리는 가끔 이 본문이 유대인 신자들에게 하신 말씀이 아니고 특별히 이방인들을 대상으로 하신 말씀이라는 사실을 잊어버린다. 그들은 계속적으로 율법서와 선지서의 안목에서 보았을 때 이방인의 예배의식이 맞는가 하는 것을 살펴왔다. 그리고 이방인들에게 예배는 하나님의 공의보다 단지 율법적 의식으로 부터 자유케됨을 기뻐하는 것으로 받아들여졌다.

그런데 히브리에서 명확하게 언급하는 것은, 유대인과 이방인 신앙인에게 요구되는것이 무엇인지 그 차이를 아는것이 중요하다.

둘 사이에 물론 많은 문제들이 있지만 가장 커다란 거침돌은 유대교는 의를 위하여 율법을 지키는 것을 최고의 덕목으로 여기고 있으며 기독교가 믿는 그리스도를 통하여 우리가 은혜를 받았다는 것은 전혀 무시해버린다는 오해이다. 초기의 많은 유대교신자들과 심지어는 이방인 성도까지도 그렇게 생각했다. 그러나 성령의 분명한 뜻은 유대교 신자들은 그들의 예언적인 예배의식을 지키면서 예배를 잔치처럼 기쁘게 드리며 이방인 교회는 전통적 예배의식에 억매이지 말고 새롭게 신선한 예배의 형태를 갖으라는 것이다. 하나님의 뜻은 유대교와 이방기독교가 그리스도의 사귐으로 서로 연결의 고리를 만들고, 하나님의 구원의 역사는 교회의 뿌리인 유대교를 통하여 이루어지게 하는 것이다. 우리가 역사적으로 이스라엘을 통한 하나님의 구속사적 목적이 교회의 유대적 뿌리를 통해 동일하게 지속되어 왔다는 것은 매우 중요하다.

또 다른 사실 하나는 하나님이 의도적으로 이방인과 유대인 성도사이에 간격을 만드시고 유대인을 위하여 그의 사도를 파송하고 이방인을 위하여 다른 사도를 파송했다는 사실이다. 그리고 바울이 이방인의 가지들을 대변한다는 것은 매우 의미있는 사실이다. 단순한 가지가 아니고 가지들이라고 한 것은 이방인의 그룹이 여러 갈래가 있었다는 것을 의미한다. 우리의 신앙은 유대교의 뿌리를 확실히 붙들면서, 서로 다른 문화와 인종의 다양성을 인정하면서 자유롭게 우리의 신앙을 표현해야 한다. 그러면서도 우리의 마음 깊은 곳에는 하나님의 의와 거룩함이 가득 차 있어서 그것이 하나님 아는 우리의 지식의 근간이 되어야 한다. 우리는 신선하고 창조적이며 다양한 이방인의 가지들을 가져야하며 동시에 흔들리지 않고 변하지 않는 유대인의 율법의 뿌리를 간직해야한다. 이 둘은 모두 중요하며 그들은 서로 연결되어야만 하고 자유롭게 통일성과 다양함을 인정하면서 발전해 나가야 한다.

요약

하나님은 다양한 것을 좋아하신다. 그러므로 그는 사람을 각각 다른 모양으로 만물을 각양 각색으로 만드셨다. 분명한 것은 하나님이 교회를 세우실 때도 그의 영광스러운 창조의 힘을 발휘하여 다양한 모습으로 세우셨다. 그리스도 안에서 우리는 "새사람"(에베소서 2:15)이 되었다. 하나님의 다양한 빛 안에서 우리가 새사람을 이해한다는 것은 다소 어려움이 있다. 그것은 인간은 서로가 하나가 된다는 의미를 서로 모양이나 성격이 비슷한 것이 모여서 하나가 되는 것으로 이해하며, 전혀 다른 것이 모여서 하나가 되는 것을 꺼리고 피하는 경향이 있기 때문이다. 남자가 여자와 결혼하여 하나가 된다는 의미는 남자가 여자의 모습으로 바뀐다는 것이 아니다. 아내와 남편이 각자의 모습을 유지하면서 하나가 되는 것이다. 그리고 서로의 다른 모습을 감사하며 조화를 이루는 것이 진정한 하나 됨이다.

유대인과 이방인의 교회들은 남녀가 하나 되는 놀라운 하나님의 신비를 눈여겨 보아야 한다. 그리고 여기에서 하나 됨의 진정한 의미를 배워야 한다. 유대인과 이방인의 교회가 연합되면 이것은 놀라운 하나님의 능력이며 이 일을 통하여 그리스도 안에서 모든 나라와 족속이 하나 되는 역사가 나타날 것이다. 그리고 이 일이 이루어질 때 이 세상의 마지막 날이 도래 할 것이다.

이것이 바로 왜 바울이 유대인이 복음에 배타적이지만 그들은, '원가지'(로마서 11:24)이므로 품어야 한다고 주장한 이유이다. 이것이 또한 '메시아닉 유대인'이 전 세계로 흩어져 나가는 것이 매우 중요한가 하는 이유이다. 오늘날 우리가 보는 유대인 크리스천과 이방인 성도들은 1세기 초대교회의 사도적 모습과는 많은 거리가 있지만 그들은 초대교회의 모습으로 빠르게 움직이고 있다. 그리고 예루살렘에 있는 교구에서 인정을 받고 있다. 이제 마지막 날에 모든 나라에서 모인 사람들로 구성된 '새사람'이 있게될 것이다.

유대인과 이방인이 하나가 될 때 교회 안에 있는 거대한 인종차별의 벽이 무너지게 될 것이다. 이러한 놀라운 은혜는 유대인과 이방인들 모두가 겸허한 마음을 갖고 자신들을 낮출 때만이 일어날 것이다. 그리고 그때 그들은 서로를 향한 하나님의 목적을 깨닫게 될 것이다. 하나님은 그의 은혜를 겸손한 사람에게 주셨기 때문에 이 은혜를 통하여 하나님의 백성들에게 죽은 자도 살릴 수 있는 놀라운 능력이 나타날 것이다.

내년에 예루살렘에서?

초대교회가 유대교에 대하여 과민하게 반응하였던 것은 세 가지 점에서 이해할 수 있다. 첫째, 초대교회가 전통적 유대교에 심하게 박해를 받았기 때문이다. 둘째, 유대교 개종자들이 이방인들에게 율법을 강조하였기 때문이다. 셋째, A. D. 70년에 예루살렘이 멸망했기 때문이다. 예루살렘이 무너졌을 때 남아있던 유대교 사도들과 장로들은 대부분 흩어졌으며 그들은 대부분 그들의 유대교 형제들과 함께 이방교회와 연결되어 봉사하였다. 그 후 이스라엘은 다시 모이기 시작했고 예루살렘은 유대인들에 의하여 다시 회복되었다. 수많은 메시아닉 유대인 교회들이 세계 각국과 이스라엘 각 지방에 세워졌다. 이제 우리는 곧 많은 선지자들이 성경에 예언하였던 예루살렘이 회복되어 믿음과 영적인 중심지가 되는 현상을 보게 될 것이다.

이제 마지막 날에 교회들은 다시 회복되어 건강하고 힘 있는 유대교의 뿌리와 이방인의 가지들을 갖게 될 것이다. 하나님이 진정으로 원하시는 유대인 뿌리들과 이방인의 가지들의 하나 됨은 서로의 이해관계를 떠나 완전한 하나인 것이다. 그들이 온전히 하나가 될 때 그들은 서로를 비방하는 것에서 완전히 자유로워지고 태초에 하나님이 그들을 부르시는 모습으로 회복 될 것이다. 그때 교회는 진정으로, **'모든 나라의 기도의 집'** (마가복음 11:17)이 될 것이다. 그리고 문자 그대로 모든 소수민족을 위하여 기도하는 집이 될 것이다.

Chapter 8
초대교회의 행정

앞장에서 우리는 초대교회의 말씀과 그들의 신앙생활을 살펴보았다. 이 장에서는 사도들에 의하여 세워진 교회의 행정과 통치에 대하여 살펴보겠다.

자유로움 안에서 이루어진 통치

초대 사도들에 의하여 다스려진 교회행정은 매우 단순하고 자유로웠고, 또한 효과적으로 운행되었다. 그것은 세상에 알려진 어떤 조직이나 구조를 이용하는 권위에 대한 관점으로는 이해하기가 불가능한, 세상과는 분리된 급진적인 다스림의 모습이었다. 그러나 그 행정자체를 한마디로 표현하기는 우리가 믿음을 한마디로 표현하기 어려운 것처럼 어려움이 있다. 그러나 분명한 것은 초대교회의 조직은 어떤 일정한 모양과 규격을 가지고 조직되지 않았다. 그 조직은 사도들의 기름부음을 기초로 세워져갔다. 이 때문에 초대교회는 그것을 움직이는 조직보다는 그들을 인도하는 기름부음을 받은 영적 지도자에 의하여 운영되었다.

사도들은 그들을 규제하고 조직화 시키는 어떤 법이나 내규를 갖지 않았다. 그들의 권위는 조직이 아니라 좀 더 높은 곳, 즉 예수님과 동행함과 그분의 기름부음에서 나왔다. 그러므로 그들의 권위는 그들이 하나님을 좀 더 알고 그분의 기름부음의 의미를 더욱 깊이 알 때 하나님이 그들에게 부어 주시는 것이었다. 즉 권위는 사람이나 조직에서 나오는 것이 아니라 하나님으로부터 나오는 것이었다.

초대교회의 권력의 구조를 살펴보면 수직적이면서도 민주적이었다. 사도들의 주된 역할은 견고한 교리를 세우는 것이요, 자유로운 분위기 안에서 강압적인 것은 최대한 배제하면서 교회의 행정 구조를 확립하는 것이었다. 그들은 이 일을 시간을 두면서 천천히 이루어 갔다. 자유로운 분위기는 사람들의 마음에 서서히 하나님의 진리가 스며들게 하였고 그 일은 강압적인 외부의 힘이 아니라 성령의 부드러운 인도하심으로 이루어져 갔다. 처음부터 이러한 일은 교회 안에 영적권위의 모델을 세워나가는데 의도적으로 시도되었다. 물론 무조건의 방치가 아니라, 제자훈련을 시키고 잘못되는 것들은 시정하는 과정은 있었다. 그러나 교회의 권위를 세워 가는데 있어서 궁극적 목적은 그들을 반대하는 사람들을 신실한 교제를 통하여 그들의 생각들을 바꾸고 마지막에는 회개의 길까지 시간을 두고 기다리는 것이다.

　이러한 영적 지도력이 형성되는 과정에서 사도들의 마음에 생각하고 있었던 지도력은 그들이 알고 있는 그 시대의 정부에서 하고 있는 구조와 전혀 다른 것이었다. 그러나 그들이 형성한 지도력과 권위는 어느 시대 어느 정권보다 가장 강력한 것이었다. 그러나 교회가 이러한 사도적 권위의 가장 강력한 리더쉽으로 부터 멀어져 표류 할 수록, 탄압과 압제가 증가 되었고, 진리의 능력은 심각하게 변질되었다. 그것은 그들의 마음을 하나님의 진리에 순복하는것 없이 독재적인 교회리더들에게 무릎을 꿇게 강요했던 무차별적인 권력 때문이었다.

세상을 향한 축복

　교회가 교회행정의 처음 모양으로 되돌아가려는 긴 여정을 시작했을 때 자연적으로 세상의 정부구조는 민주적 모습을 만들기 시작하였고, 세상의 사람들은 자유의 소중함을 깨닫기 시작했다. 지난 500년 동안 계속되어온 세계 방방곡곡의 자유운동 물결은 종교개혁의 새로운 물결의 지도를 받은 사람들이 그 주도권을 갖고 이끌어 왔다. 그러므로 종교적 자유가 세계의 자유운동의 뿌리임을 의심 할 필요가 없다.

　하나님이 에덴동산에 선과 악을 아는 지식의 나무를 심었을 때 하나님은 아담과 이브에게 죄를 지을 수 있는 원인을 제공하려고 하셨던 것이 아니다. 하나님은 아담과 이브가 자유의 의지로 하나님께 복종하기를 원하신 것이다. 만약 불복종할 수 있는 자유가 허락되지 않는 상태에서 복종을 강요하는 것은 진정한 복종이 아니다. 이것이 바로 왜 복음이 강압적이 아니고 겸손하게 사람들에게 접근하고 세상의 그릇에 담겨서 전파되는가 하는 이유이다. 우리의 시대에 하나님은 우리에게 다가와 그분과 함께 그의 상속자가 되기를 권면하신다. 이제 상속자들이 주님과 함께 이 세계를 정복할 것이다. 이제 주님은 세상의 탐욕적인 권리가 아닌 진리를 사랑하기 때문에 모이는 이들과 함께 하나님의 나라를 이룰 것이다.

그들은 담대히 진리를 위하여 자신을 헌신하고 하나님에 대한 그들의 사랑의 표현을 위하여 목숨까지도 내어 놓을 것이다. 이러한 헌신은 강압이나 의무 또는 세상적 권력을 쥐고 싶은 욕심에서 나오는 것이 아니라 그들의 가슴 깊은 곳에서 흐르는 하나님 사랑과 그의 길을 걷고자 하는 강력한 거룩한 욕망에서 나오는 것이다. 이것은 우리가 어린 양의 신부로 온전히 단장 할 수 있는 매우 귀하고 가치 있는 일이다.

교회행정의 형태들

교회행정구조가 수직적 구도가 되어 그것이 악용되는 것을 강하게 반대하는 것과 마찬가지로 우리가 그것에 의하여 교회안의 자유로움을 해할까봐 걱정을 한다. 그리고 신약의 교회를 살펴보면 행정에 있어서 이 두 구조를 분명히 볼 수 있다. 그러나 다른 한편으로 관찰해 보면 신약의 교회는 모든 장로들이 같은 힘과 권한을 갖고 서로 협조하며 평등하게 치리한 사례를 볼 수 있다. 교회 행정의 이 두 구조는 각각 특징이 있으며 성서적 전례가 많이 있다. 그러므로 우리가 어느 것이 좋다고 쉽게 말할 수 없다. 우리가 사용하는 교회의 치리법이 어떻든지 간에 하나님이 바라시는 의도는 자유함과 다양함이 있게 하는 것이다. 이것은 실제로 적용하기에는 매우 어려워 보일 것 같지만 진정한 영적성숙을 위하여는 꼭 필요한 요소이다.

아무리 좋은 구조의 행정적 모양을 가졌다고 할지라도 그 안에 좋은 사람들이 있지 아니하면 나쁜 구조가 될 것이요. 아무리 나쁜 행정조직을 가졌다고 할지라도 그 안에 좋은 사람들만 있으면 좋은 행정구조가 될 것이다. 만약 우리가 좋은 행정 구조를 갖기를 원한다면 우리는 그 외적인 구조 형식에 너무 집착해서는 안된다. 우리가 선한 목표를 갖고 있고 좋은 지도자를 갖고 있으면 우리의 구조형식에 관계없이 하나님의 기름부음이 그 모임가운데 풍성히 임할 것이다.

우리가 신약을 읽어보면 교회행정 구조는 단지 시간을 두고 교회를 확장시키는 데 사용되었다. 이것이 아마 정확한 표현 일 것이다. 하나님이 사람가운데 그의 행정 구조를 만들었던 것은 구조 안에 사람을 묶기 위하여 만든 것이 아니다.

하나님이 사람가운데 조직을 만드신 것은 그가 장차 무엇을 해야 할지를 몰라서 한 것이 아니다. 그러므로 우리가 행정을 아직 성숙되지 않은 사람들에게 너무 강조하면 그들의 영적 성장에 위축을 가져온다. 그러나 다른 한편으로 모임의 사람들이 아직 어릴 때 그들이 더욱 성장하기 위하여 약간의 간섭과 지도가 필요할 것이다. 이것은 매우 섬세한 균형을 필요로 한다. 왜냐하면 가끔 사람들을 더욱 간섭하고 조정하고 싶은 유혹을 느낄 수도 있기 때문이다. 우리가 진정으로 지혜롭다면 우리는 인내를 갖고 주의 깊게 지켜보아야 한다. 그리고 새로운 교회와 새로운 교회 운동에 융통성을 갖고 접근해야 한다. 결론적으로 교회 행정에 대한 정의는 하나님의 기름부음을 받은 자들이 내릴 수 있을 것이다.

하나님은 항상 안으로부터 밖으로 일하신다. 만약 우리가 너무 교회행정의 구조를 강조하면서 그것에 교회를 맞추려고만 한다면 우리는 많은 아픔을 낳게 할 것이다. 교회 행정조직은 중요하다. 마지막 날에 사탄의 시도 중에 하나는 법을 폐하고 세상을 무법천지의 혼란으로 만들려는 것이다. 당신은 행정기구가 사람들을 구속하는 것이 그들이 하나님의 일을 하는데 도움이 된다고 생각하는가, 방해가 된다고 생각하는가? 어떤 사람에게는 행정 기구가 필요로 하기도 하고 어떤 사람은 그것이 부담이 되기도 한다. 우리가 신약성서를 보면 초대교회는 이러한 문제에서 매우 자유로웠다. 구조와 규범이 적으면 적을수록 우리는 교회 안에서 더욱 자유로움을 느낄 것이다.

신축성이 있는 포도주 부대

신약성경에 나타난 초대교회의 행정형태는 매우 유동성을 가져서 교회가 성장함에 따라 쉽게 변하면서 대처해 나갔다. 공산주의와 같은 독재주의 행정형태에 사는 사람들은 일을 혼자서 처리하지 못하고 늘 그들에게 지시 내리기를 기다리고 있다. 그래서 그런 사람들은 자유가 무엇인지를 잘 알지 못하며 너무 많은 자유가 주어질 때 심지어 그들이 주님과 함께 걷고 있음에도 파괴되거나 큰 혼란에 빠지게 된다. 이러한 경우의 사람들에게는 자유가 단계적으로 주어져야 한다.

이와는 반대로 어떤 나라들은 법이 없이 매우 자유스러운 환경으로 만들어져서 교회의 권위에 약간의 조정의 영이 필요하기도 하다. 이러한 경우에는 만약 교회의 권위가 서서히 주어지면 피할 수 없는 심각한 도전을 받게 될 수도 있다. 그러나 만약 자유와 견제가 조화 있게 주어진다면 교회의 행정이 거의 필요 없을 것이다.

모든 경우 교회의 행정은 머리이신 예수님을 복종하는 마음이 우리에게 자라도록 돕는 것이다. 우리의 목적은 항상 하나님과 깊은 개인적 관계를 이루도록 돕는 것이다. 그리고 하나님의 음성을 듣는 능력이 자라게 하고, 하나님을 따르겠다고 헌신하도록 돕는 것이다. 우리는 교회 행정을 갖고 있다. 그리고 그 행정은 하나님의 모든 백성에게 율법을 그들의 마음 판에 새기어 자라게 하는 것을 도와준다. 만약 우리가 하나님의 궁극적 목적을 마음에 새기지 못하면, 우리 안에 있는 어떠한 행정 구조를 가지더라도, 그 행정 기구는 아무런 역할도 하지 못하게 될 것이다.

권위의 영역

예수님은 교회의 머리이시다. 이 세상에서는 그 누구도 이 지위를 가질 사람이 없다. 예수님 한 분만이 교회의 권위의 상징이시다. 사도들이 교회의 사역자로 처음 임명되었을 때 그들은 지상에서는 가장 높은 지위에 있었다. 그러나 사도적 권위는 전 우주적인 것이 아니었다. 바울은 이 점에 대하여 고린도전서 9:2에 아래와 같이 썼다. **"다른 사람들에게는 내가 사도가 아닐지라도 너희에게는 사도니 나의 사도 됨을 주 안에서 인친 것이 너희라"** 여기서 그가 강조한 것은 그는 모든 사람의 사도가 아니요, 단지 고린도교회에 대한 사도라고 했다. 그 이유는 그들이 바울의 사도적 사역에서 낳은 그리스도의 열매였기 때문이다.

바울이 예루살렘에 갔을 때 그는 이방인의 사도로 존경을 받았다. 그러나 그는 유대인의 사도로는 대접받지 못했다. 그리고 그도 자신이 예루살렘에서 사도적 권위를 받으려고 애쓰지 않았다. 당신도 어떤 장소에서는 사도로 인정을 받을 것이며 또 다른 장소에서는 선생으로 인정을 받을 것이다. 이것은 목회자가 한 교회에서 목회적 권위를 인정받았다고 하여서 똑 같은 목회적 권위를 다른 회중들에게서도 인정받으려고 해서는 안된다는 것과 같은 이론이다. 우리는 우리의 권위가 각각의 처지와 형편에 따라 제한을 받을 수 있다는 것을 인정해야 한다. 각 형편에 순응하여야 한다. 만약 우리가 그렇게 하지 않으면 우리의 강압이 사람들에게 상처를 주고 종국에는 우리에게도 상처가 돌아 갈 것이다.

이처럼 베드로도 그가 비록 이방인의 사역에 문을 열었지만 그는 이방인의 사도가 되지 못하였다. 그가 이방인 지역인 안디옥을 방문했을 때 어려움을 겪었다. 그리고 이방인의 사도로 부름 받은 바울은 그 일로 베드로를 꾸짖었다 (갈라디아서 2:11 참조). 이것은 이방인의 나라가 더 이상 베드로의 권위의 영역에 있지 않기 때문이다. 우리가 우리의 권위의 영역을 떠날 때 그것은 이미 우리에게 주어진 은혜의 영역에서도 벗어난 것을 의미한다. 이처럼 베드로 유대인의 전도자로 부름을 받았기 때문에 그가 이방인을 사역할 은혜의 영역에서 벗어난 것이다.

이와 마찬가지로 바울이 예루살렘에 있는 유대인에게로 갔을 때 그는 문제가 발생했다. 바울은 자신이 완전한 예배를 드린다고 생각했고 유대인들은 그가 잘못되었다고 보기에 둘 사이의 이견을 좁히는 것은 쉽지 않았다. 그러므로 바울이 예루살렘에서 감옥에 가는 것보다 로마로 가서 전도하는 것이 그에게 훨씬 쉬운 길이었다. 성령은 거듭해서 그에게 예루살렘으로 가지 말라고 경고했다. 그러나 바울은 예루살렘에서 그의 권위가 인정받기를 원했다(사도행전 22:17-30 참조). 우리가 바울이 잘못했는가, 아닌가를 판단하는 것과는 상관없이 분명한 하나의 원칙은 사도들은 분명히 그들의 권위가 인정받는 세계를 갖고 있다는 것이다. 만약 우리가 우리에게 부여된 권위의 영역을 넘어서 다른 영역으로 접근하려고 하거나 우리의 은혜의 영역이 미치지 않은 곳으로 가려고하면 반드시 우리는 곤경에 처하게 될 것이다.

여기서 다시 한 번 언급하지만 베드로는 믿음으로 이방인의 문을 열었지만 그는 이방인의 전도자로 부름 받지 않았다. 이와 마찬가지로 당신도 하나님이 어떤 일을 어떤 지역에서 시작하도록 하셨지만 그것이 당신이 그 지역에서 계속 사역하라고 하나님이 당신에게 권위를 주신 것을 의미하지 않는다. 예수님의 어머니이신 마리아가 그를 찾아왔을 때 그는 하나님의 뜻을 행하는 자가 나의 어머니이고 나의 형제자매라고 말씀하셨다 (마가복음 3:31-35 참조). 예수님이 이렇게 말씀하신 것은 비록 마리아가 그에게 비록 생명을 낳아준 육신의 어머니이지만 이것이 하나님이 그를 영적으로 지배할 수 있는 권위까지 부여한 것은 아니라는 뜻이다. 우리가 교회에서 영적인 권위에 대한 이 사실을 깨닫지 못하면, 우리는 많은 어려움을 겪게 될 것이다. 만약 우리가 교회를 나의 개인의 소유로 만들려는 유혹을 느끼면 우리는 그곳에서 떠나야 할 것이다.

사도적 행정

어떤 사람들은 교회의 궁극적인 단일화는 하나의 통일된 강력한 행정에서 나와야 한다고 여길지 모른다. 그러나 이것은 매우 피상적이며 위험한 발상이다. 교회의 단일화는 우리 모두가 머리되신 그리스도 안에서 하나되기 전까지는 이루어지지 않는다. 그리고 진정한 단일화는 교회가 행정적인 역량을 발휘하여 하나가 되는 것이 아니라 성령의 능력 안에서 모든 것이 다양한 가운데서 진정한 하나가 이루어 질 것이다.

새로운 포도주

지금 세계에는 많은 사도적 운동들이 일어나고 있다. 그들 중 어떤 것은 매우 믿을 만한 운동이다. 그러나 어떤 것은 그렇지 않은 것도 있다. 현대 기독교에서 매우 경계해야 할 것은 성령의 기름부음을 받지 못한 사람들이 성령의 기름부음 받은 사람들의 사역을 모방하여 교회의 많은 사람들을 잘못된 곳으로 이끌고 있다는 사실이다. 살아있는 생수는 우리의 마음 깊은 곳에서 흘러나오는 것이다. 앵무새들은 우리가 말하는 것을 흉내 낼 수는 있다. 그러나 그들이 마음에서 흘러나오는 말을 할 수는 없다. 진실한 사도적 운동과 사도적 통치는 다른 사람이 하는 것을 흉내내어 할 수 있는 것이 아니고 주님께서 사도들의 가슴에 기름을 부어 그 기름부음을 통하여 나타나는 것이다. 이것은 우리가 교회치리와 연관해 볼 때 매우 중요한 진리이다.

진정한 하나 됨이 도래할 때 모든 사도적 운동들은 하나로 통일 되어 서로의 다른 점들을 긍정적으로 받아드리고 서로 나누게 될 것이다. 그리고 서로 다른 점을 비판하지 않고 하나의 관점으로 바라보며 이해하고 받아드린다. 만약 우리가 하나님의 한 지체로 부름을 받았다면 우리는 자신이 하나님 안에서 하나 됨을 평안하게 받아들여야한다. 만약 우리가 한 몸이 되기를 원한다면 우리는 모두가 손일 필요도, 눈일 필요도, 신체의 어떤 한 부분일 필요가 없다. 우리 모두에게 진정으로 필요한 것은 우리가 같은 점도 있지만 서로 다른 점도 가지고 이 모든 것이 함께 모여 충돌 없이 서로 잘 조화를 이루는 것이다. 이것이 바로 왜 유대인의 뿌리와 이방인의 가지들이 서로 조화를 이루며 회복하고 화해하여 하나가 되는 것이 중요한가 하는 이유이다. 진정한 하나는 다양함을 인정하면서 하나가 되는 것이지 강자가 약자를 정복하여 복종하게 만든 하나가 아니다.

기능성에 기초를 둔 직임들

초대교회 시절에 교회 안에서의 모든 권위는 사도들로부터 나왔다. 이것은 우리가 가장 반대하는 수직적 행정구도의 산물처럼 보일 수 있다. 그렇지만 그들이 사용하였던 이 수직적 행정구도는 사람들에게 권위에 순복하며 모든 것이 합력하여 선을 이루는 역사를 만들어 냈다. 진정한 권위라는 것은 사람이 가진 지위와 위치가 주는 것이 아니고 그가 얼마나 책임을 가지고 봉사하는 가에 따라서 주어지는 것이다.

처음에 초대교회에서 집사의 직분이 주어졌을 때, 사도들은 성도들에게 그들 가운데 가장 신실하게 성도를 섬기는 사람을 택하라고 했다. 우리가 이점을 어떻게 여기든 이것은 교회의 행정치리 조직가운데 가장 민주적인 방법의 모범이다. 후에 베드로도 이점에 대하여 언급하였지만, 사도들은 결코 그들이 하나님의 상속자처럼 행동하지 않았다. 단지 그들이 양떼를 이끄는 선한 목자로서 모범을 보이며 성도들을 이끌어 갔다(베드로전서 5:3 참조). 그들은 권위가 필요할 때는 권위를 사용했다. 그러나

가능한 한 사람들을 섬기고 봉사하는 자의 모습으로 나타났다.

팀 목회

사도들은 교회의 시작을 하나님의 기초위에 세웠다. 즉 그들이 교회를 세운 것이 아니고 하나님이 교회를 세우시기 위하여 그들을 부르신 것이다. 그러나 그들은 하나님의 교회를 그들의 가르침과 지도력과 다른 목회 사역을 통하여 건전하게 세워나갔다. 그리고 각각의 특징은 사도적 사역의 한 모습들을 갖고 있었다. 사도들은 모두 예언자였고, 전도자였고, 목회자였고, 교사였다. 그중의 어떤 부분은 특히 강하였고, 어떤 부분은 약하였다. 교회가 세워져 가면서 이러한 사도적 특징가운데 한둘이 그 교회의 특성에 맞게 발전되고 계발되었다. 어떤 교회는 전도에 집중하고, 어떤 교회는 가르침에 집중하고, 다른 곳은 예언이나 행정, 치유사역에 집중해 나갔다. 이러한 방식으로 사역은 열두사도를 중심으로 성장하고 자라갔다. 그리고 이러한 조직과 기능으로 교회는 점점 더 확장되어 갔고, 성도들의 모임들도 그 횟수를 더해 갔다. 성령이 각자에게 강하게 역사하여 성도들에게 성령의 은사와 열매를 풍성히 맺었고 성령에 충만한 성도들은 교회에서 각자에게 주어진 은사를 충분히 발휘하여 모든 성도들이 함께 교회를 만들어 갔다.

우리가 사도행전을 살펴보면 알 수 있지만, 이 모든 것이 한꺼번에 갑자기 이루어졌다. 그러나 이것이 실제적으로 폭발하기 까지는 많은 세월이 필요했었다. 예를 들면, 오순절에 성령이 강하게 역사하기 시작할 때부터 베드로가 처음 이방인들인 고넬료의 가정에서 설교하기 까지는 7년이란 세월이 필요했다. 그리고 오순절에 성령이 임함부터 바울과 바나바가 안디옥에서 나와 복음을 전파하기까지는 20년이 걸렸다.

어린아이에게 맞는 옷을 만들자

만약 교회가 외적인 치장에만 관심을 갖지 않는다면, 교회가 자신을 나타내 보이는 것은 매우 좋은 현상이다. 당신이 어린아이를 볼 때 당신은 그 어린이가 남자인지 여자인지 쉽게 구분할 수 있을 것이다. 그러나 당신은 그 어린이가 완전히 성장한 모습을 보기 전까지는 그 어린아이가 어떤 모습으로 성인이 될 지 상상하기 어려울 것이다. 이 현상은 교회에도 마찬가지이다. 여러 세기동안 교회에는 많은 운동들이 나타났다. 그러나 그 운동들은 교회가 앞으로 그 운동이 얼마나 크게 될 지 상상하지 못하고 처음의 어린아이 시절을 기준으로 만들어 준 옷, 그 운동이 크게 성장한 후에게 그대로 입히려는 오류를 범하였다. 교회는 분명 그 운동이 완숙될 때 까지 기다려 그들이 성숙하여 졌을 때 옷을 만들어 입혀야 했다.

앞에서 이야기 했듯이 예수님의 사역을 살펴보면, 그분은 단지 몇 번 정도만 교회에 대하여 언급하셨다. 그리고 그 교회가 어떤 형태를 이룰지 극히 간단히 언급하셨을 뿐이다. 심지어 그가 부활하신 후 많은 날 동안 제자들과 함께 있는동안 하나님의 천국에 대하여 많은 이야기를 나누었으나, 교회의 행정과 운영에 대하여는 극히 적은 시간을 할애 하셨다. 왜냐하면 이 교회에 관한 주제는 성령님이 오셔서 다루실 것을 원했기 때문일 것이다. 그러므로 성령은 교회가 필요로 할 때 중요한 지혜를 줄 수 있는 매우 중요한 하나님의 사자이다. 그래서 교회의 구조를 살펴보면 여러 세기동안 그 안에서 계시되는 성령의 역사를 찾아볼 수 있다. 그러므로 가장 현명한 계시는 인간의 지혜를 초월하여 성령의 능력으로 나타나며 그 지혜는 각 성공의 단계에서 한 단계에서 다른 단계로 뛰어오르는 우리의 필요를 완벽하게 채워준다.

목회를 전개해 나가면서 모두가 함께 힘을 합친 팀은 항상 어떤 일정한 모양을 만들어 갔다. 예언자들은 사도들과 긴밀한 관계를 가지며 사역하였다. 신약에서 전도자로서 다른 사람과 함께 사역하지 않고 혼자 사역한 사람은 빌립 뿐이었다. 그렇지만 사도들이 그의 전도사역을 뒤에서 도왔다. 개체교회의 장로들은 사도들이 부재중 일 때 성도들을 지도하고 보호하도록 임명되었다. 이러한 교회 안에서의 상호 보존과 협조 그리고 책임을 공유하는 리더십의 구조는 세상에서는 좀처럼 찾아보기 힘들다. 그래서 이러한 상호 협조와 책임 공유의 리더쉽은 매우 힘을 발휘하였고 지상에서 매우 강력한 힘을 가진 조직과 행정기구로 많은 관심을 갖게 되고 많은 도전을 주었다.

우리들은 사도들이 교회행정을 강하게 독점하면서 성도들의 죄에 대하여 그리고 교회의 잘못된 교리를 들여오는 세력들에 대하여 무섭게 대응하는 예들을 신약의 서신들에서 많이 보아왔다. 우리가 바울이 고린도 교회를 가르치고 치리하기 위하여 강경한 어조로 꾸중하는 것을 보면 그가 언급한 대상은 단순한 교회의 장로들뿐만 아니라 전체의 성도들을 향한 것이라는 것을 안다. 근본적으로 말해서, 사도들은 성도들을 마치 그들의 상속자, 후계자들처럼 귀하게 여겼다. 모든 신자들은 이처럼 귀하게 대접을 받아야 한다. 권위에 대한 분명한 기본 지침을 고린도전서

12:27-37에 자세히 설명하고 있다.

> 너희는 그리스도의 몸이요 지체의 각 부분이라 하나님이 교회 중에 몇을 세우셨으니 첫째는 사도요 둘째는 선지자요 셋째는 교사요 그 다음은 능력이요 그 다음은 병 고치는 은사와 서로 돕는 것과 다스리는 것과 각종 방언을 하는 것이라 다 사도겠느냐 다 선지자겠느냐 다 교사겠느냐 다 능력을 행하는 자겠느냐 다 병 고치는 은사를 가진 자겠느냐 다 방언을 말하는 자겠느냐 다 통역하는 자겠느냐 너희는 더욱 큰 은사를 사모하라 내가 또한 제일 좋은 길을 너희에게 보이리라 (고전 12:27-31)

여기에서 우리는 권위에 대한 분명한 연결점을 볼 수 있는데, 모든 성도들이 '더욱 큰 은사'를 사모하라고 권면을 받았다는 것이다. 이것은 모두가 동일한 권위를 가진것이 아니지만, 그들이 권위와 은사를 사모했다는 것이다.

하나님은 가장 강렬하게 교회를 대적한 자들 가운데 하나인 바울을 택하여 교회의 가장 큰 사도로 세우셨는데, 그것은 구속의 능력을 증명하기위해 리더 지도자를 사용하여 빛되신 하나님을 나타내고 보여주시기 위함 이었다. 때로는 약하고 천한 사람들을 세워 그들에게 특별한 능력을 허락하사 하나님이 하시고자 하신 일을 이루시는 것을 볼 수 있다(고린도전서 1:26-29 참조). 교회를 향한 하나님의 주된 목적들은 교회가 하나님이 구원하시고자 하는 사람들을 하나님의 능력으로 구속하고 회복시키는 것이다. 이렇게 하나님의 구속(영혼구원)에 관심을 갖고 부서진 인간들을 회복시키는데 전력을 다하는 사람들이야 말로 진정한 하나님의 권위를 교회에 가져오는 자라고 할 수 있다.

장로들

장로들은 개체교회 안에서 가장 높은 권위를 갖고 있는 사람들이다. 이러한 장로의 기구는 모세가 광야생활에서 시작한 이스라엘의 정치구조에서 모방되어 왔다. 이스라엘에는 기본적으로 두 가지 계층의 장로회가 있다. 성경의 많은 곳에서 항상 나이든 자를 존경하라고 했고 모세의 법에서도 아버지와 어머니를 공경하라고 했기 때문에, 그 시대의 모든 연장자들은 늘 존경을 받으며 지역사회에 영향력을 미쳤다. 그러나 모세가 70인의 장로들을 세운 것처럼(민수기 11:16 참조) 우리가 장로들을 단순히 존경하는 차원을 넘어서 그들에게 권위를 주어서 교회를 치리하게 하고 봉사하게 하는 것이 매우 필요하다.

이스라엘 민족들이 약속의 땅에 들어간 후에 그리고 가나안 땅을 완전히 점령한 후에 장로기구의 가장 주된 임무는 도시의 성문 앞에 앉아 있는 것이었다. 그래서 그들은 거기에서 어떤 사람은 성문에 들어가도 되고 어떤 사람은 성문에 들어갈 수 없음의 판결하였다. 각 성문들은 서로 다른 기능을 가지고 있었다. 어떤 성문에는 상인만 들어가게 하고, 어떤 성문에는 군인만 들어가게 하고 어떤 성문에는 귀인들만 들어가게 하였다. 그래서 각각 다른 성문에서 각각의 장로들은 다른 권위와 기능을 가지고 들어가는 사람들을 판단하였다.

이것은 신약성서가 우리에게 보여주는 매우 중요한 점이다. 여기에서 우리가 장로라고 표시한 것을 볼 때 원문에 보면 늘 단수의 장로가 아니라 복수의 장로들로 표현하였다. 그 이유는 장로들의 기능은 한 가지가 아니라 늘 여러 가지의 복합적 성격을 갖고 있다는 말이다. 사람들은 장로들의 권위는 누구에게나 동등하게 주어졌다고 가정한다. 그러나 우리가 구약을 보거나 신약을 찾아보아도 그것은 근거가 없는 가정이다. 예를 들어 첫째 문을 지키는 장로들은 첫째 문만 지키지 결코 둘째 문이나 셋째 문에서 일어나는 사건에 간섭하지 못하게 되있다. 이 일이 아마도 지엽적인 조그만 일 이라고 소홀히 생각할 지도 모르지만 이것이 교회에 적용될 때 엄청난 위력을 발휘할 것이다.

예를 들면, 만약 우리가 어떤 사람이 비록 그가 하나님으로부터 특별한 은사는 받지 못하였지만, 성숙하고 지혜롭다는 이유나 마을에서 존경받는 사람이라고 인정되어 장로로 피택했다고 하자. 그러나 그런 사람은 반드시 좋은 뜻에서 어떤 일을 하려고 했더라도 본의 아니게 교회의 계획에 방해자가 될 수도 있다.

그러므로 우리는 어떤 사람을 치리 장로로 선택하려고 할 때 반드시 그가 하나님의 기름 부음을 받았는가 하는 것을 점검해 보아야 한다. 모세의 경우를 보면 그는 하나님의 영이 위에서부터 내려왔으며, 예언의 말씀을 선포하였다. 이와같은 실례는 개개의 장로들을 인준하는 분명한 기준이 아닐 수도 있다. 그러나 우리는 교회의 효과적인 치리를 위하여 성령님이 그들 가운데 임하셨는지는 점검해 볼 필요가 있다.

만약 우리가 교회의 장로를 세울 때 단지 그들이 사람들에게 존경을 받고 있는가 하나만 기준으로 삼을 때 우리는 나중에 큰 대가를 치르게 될 것이다.

권위의 다른 영역들

또 다른 중요한 요소는 여러 개의 문이 있는데 어떤 치리장로는 어떤 문에 배치 할 것인가 하는 문제이다. 우리가 교회학교에 전혀 경험이 없는 재정부장을 주일학교 사역의 감독관으로 세울 수 있는가? 현대의 예를 들어보면 교회의 당회는 나라의 대통령의 국무회의와 비슷하다. 여기에서 우리가 국무회의를 진행하고 있는 상황을 잠시 생각해 보면 국방부 장관이 노동부 일에 약간의 지식을 갖고 있는 것은 사실이지만 그는 노동부 일을 직접 간섭할 수 있는 권한은 없다. 교회의 장로들이 다른 분야의 사역에 대하여 약간의 지식은 가질 수 있다. 그러나 자신의 담당분야를 넘어서 다른 사람의 사역에 지나치게 간섭하는 것은 안된다. 다른 사람의 영적 권위와 그 분야를 인정해야만 한다.

물론, 교리적 문제가 제기 될 때는 사도행전 15장 처럼 모든 교회의 성도가 참여해야한다. 이 경우는 교회의 모든 사도와 장로들이 함께 관여하여 지혜를 모아야 한다. 사도행전 15장을 보면 야고보는 바울과 바나바의 토론과 반론을 다 들으며 일어나서 예루살렘의 공회를 인도하였다. 그리고 13-15절에 결론적인 이야기를 한다. 이 예는 다른 사도들과 장로들에게 매우 좋은 모범이 된다. 야고보는 일어나서 각각의 사역과 영역이 다름을 강하게 결론적인 이야기를 하였고, 그것은 많은 사람들을 공감시켰다.

장로들을 위한 또 다른 권위의 영역은 지역에 관한 문제이다. 바울이 그의 영적권위의 영역을 이야기 했을 때는 지역적 경계선에 대하여 언급한 것이다(고린도후서 10:13-16 참조). 왜냐하면 하나님은 문화와 종족과 나라를 각각 다르게 세우셨기 때문이다. 하나님은 각각의 민족에게 각각 다른 사역을 맡기셨다. 이것은 우리가 다른 문화권에서 복음을 전파할 때 각각의 특성을 최대한 존중하고 이해해야 한다는 것을 깨닫게 한다. 이런 점에서 바울이 우리가 로마에 있을 때는 로마사람처럼, 유대에 있을 때는 유대사람처럼 행동하라는 것을 명심해야한다(고린도전서 9:20 참조). 우리는 우리 개인의 성격이 복음을 가로막는 장해물이 되기를 원하지 않는다. 불필요한 크고 작은 방해물들이 사람들을 복음가운데로 쉽게 들어올 수 있는 길을 막고 있다. 복음의 전파를 위하여 지혜롭게 사는 것을 놓치고 하나님이 우리에게 지역적 특성에 맞게 사역하라는 경고를 넘어서 월권적으로 사역하면 우리와 그들에게 모두 상처를 줄 수 있다

우리는 베드로와 요한이 그들 자신을 장로로 소개할 때 그들이 비록 예루살렘 교회를 개척했음에도 불구하고 한 교회의 장로로 소개하지 않았음을 주목해 보아야 한다. 베드로와 요한은 자신들이 그리스도의 몸 된 교회를 위하여 개별적 교회가 아닌 모든 교회를 위하여 헌신하도록 부름 받은 장로로 인식하였다. 이 이야기는 교회의 머리는 예수님 한분인데 베드로와 요한은 그들이 모든 교회의 머리라고 생각했다는 말인가? 아니다. 하나님의 영권은 어떤 지역에만 국한 되는 것이 아니다. 그것은 모든 나라와 족속에게 확장되는 것이다. 그래서 각 나라와 족속에게 구체적으로 영향을 미치는 것이다. 교회의 머리는 단 한분 예수그리스도이고, 우리는 그의 종으로 모든 힘을 다하여 사역을 하는 것이다.

한분야에서 인정과 존경을 받게 된다고 해서 교회 전체에 적용될 규범이나 정책들을 치리할 권위를 장로에게 위임한 것이 아니다. 그러나 일부 영적인 문들 앞에 앉으려고 하는 남녀장로들이 있다. 그들은 영적인 출입문을 통해 무엇인가를 교회 전체에 흘러보낼 수도 있다. 우리주변에

다양한 국제적 사역을 하는 사람들이 많이 있다. 그리고 이들 사역자 중에는 나이와 연륜을 가졌다 하더라도, 전체 그리스도의 몸을 이루는 장로로 분별될 수 있는 권위를 가지고 있지 않기도 하다.

우리는 성경 안에서 개교회의 장로의 수준은 어떤 것이며 전체 교회를 치리 할 수 있는 장로의 기준은 어떤 것인가를 찾아 볼 수 있다. 그러나 이것이 우리가 개체교회의 장로와 전체교회의 장로의 수준 외에 그 중간층의 장로의 수준도 있다고 유추할 수는 없다. 우리가 성경적인 사람이 된다는 것은 성경에 구체적으로 나와 있는 사실 외에는 어떠한 일도 하지 않는다는 것을 의미한다. 그러나 그와 동시에 성경에 구체적으로 나와 있지 않은 사실에 대하여서는 우리의 믿음대로 자유롭게 행동할 수 있다는 것을 의미한다. 이것은 우리가 성경을 떠나서 마음대로 행동하는 것이 옳다는 이야기가 아니다. 이것은 우리가 자신을 성령에게 맡기고 우리의 신앙생활이 성령의 흐름을 따르며 자유함을 갖는다는 말이다. 나는 개인적으로 장로들은 우리가 사역하고 있는 모든 영역에서 사역할 수 있는 충분한 능력이 있다고 생각한다. 이것은 장로들이 교회 사역의 새로운 영역에 역동적으로 참여할 수 있다는 말도 포함된다.

그러면 지금 이 이야기는 장로들이 교회에서 수직적 행정관계로 위에서 명령을 내리는 조직이라는 말인가? 아니다. 성서에 나타난 수직관계는 오직 사도들이 장로들을 치리할 때와 장로들이 교회와 집사들을 치리할 때만 사용한 용어이다. 그리스 원어에는 신약에서 감독과 장로가 같은 단어의 의미로 사용되고 있다. 그리고 사도들의 편지에도 같은 단어를 사용하고 있다. 언젠가부터 서서히 감독의 사역이 점진적으로 장로의 사역위에 올라가기 시작했다. 우리는 이 시기를 대략 70-120 A. D.로 추징하고 있다.

오늘날 일어나고 있는 새로운 영적갱신 운동에서는 리더하는 장로에서 사도에 이르기까지 동일한 역할을 하는 이들에게 직임이 사용된다. 성서적으로 볼 때 우리는 장로와 사도들이 개체교회에서 가진 추가의 권위들을 그대로 모든 교회에 확산하여 인정할 수는 없다. 그러나 예외 조항으로 우리가 예루살렘 공회에서 보았던 것처럼 사도들이 선지자들과 장로들과 함께 특별 회의를 열때 그들이 가진 각자의 권위를 인정할 수 있다.

기러기 치리구조의 핵심

기러기는 그룹으로 이동하며 이동과정에서 놀라운 치리구조를 가지고 있다. 이 행정구조를 '펙킹오더(The pecking order)'라고 부른다. 그리고 이 이론은 행정학을 공부하는 사람들에게 널리 알려져 있다. 한 그룹 안에 있는 기러기들은 각자 자기가 나는 위치를 알고 있다. 만약 이 가운데 어떤 기러기가 그 위치를 이탈하여 앞질러 가려고 하면 그들은 싸우게 되며 명령에 복종하지 않은 기러기는 그 그룹에서 방출하게 된다. 이것은 그 기러기가 배신을 하는 것을 의미하며, 실제적으로 대부분 우리 인간이 갖고 있는 권력과 행정구조에서도 규칙과 규범을 어기면 방출하게 되는 것이 현실이다.

기러기는 항상 일정한 모양으로 날아간다. 그러나 그들의 지도자가 맨 앞서 날아가고 다른 기러기들은 그를 따라가지만 결코 그들이 힘이 있다고 해서 리더 기러기를 앞질러 가지 않고 따라간다. 그리고 리더 기러기는 강제나 독재적으로 따르는 기러기를 몰고 가지 않고 흐름을 따른다. 그리고 따르는 기러기들은 리더 기러기가 힘이 있든지 없든지 상관하지 않고 늘 리더가 얼마기간 동안 그들을 잘 인도하도록 서로 도와준다. 그리고 리더 기러기는 그가 앞장서는 동안에는 최선을 다하며 리더로 군림하기 보다는 그룹을 위해 봉사하고 섬기는 마음으로 이끌고 간다. 그들이 행군할 때 리더 기러기는 맞바람을 헤치며 날아야한다. 그리고 따르는 기러기들이 바람의 부력에 의하여 보다 쉽게 나를 수 있다. 일반적으로 따르는 기러기는 리더 기러기보다 20-30%의 힘이 덜 든다. 그러므로 다른 기러기보다 리더 기러기는 쉽게 지치게 된다. 그러므로 기러기 떼들이 그들이 나르는 속도를 일정하게 유지하기 위하여는 자주 리더 기러기를 교체해 주어야 한다.

내가 하나님께 우리의 선지자적 예언사역과 교회갱신의 운동이 어떻게 하면 중단되지 않고 힘차게 계속 될 수 있는지를 물었을 때 하나님은 나에게 기러기의 지혜를 관찰해 보라고 하셨다. 우리가 세상을 살펴보면 우리의 주변은 끊임없이 누가 권력의 핵심을 갖는가 하는 주도권의 싸움이 벌어지고 있고 그 주도권을 갖기 위하여 모략과 중상이 쉬지 않고 일어나고 있다. 그러나 우리가 지향하고 있는 지도자의 모습과 치리의 모습은 누가 우리의 지도자인가에 상관하지 않고 섬기는 자의 모습으로 쉬지 않고 평화롭게 우리가 해야 할 일을 묵묵히 이끌어 가는 사람이 필요하다.

나는 이것이 성서적 지도자상이라고 생각하고 성서적 치리법이라고 생각한다. 이것이 바로 초대교회에서 베드로와 야고보와 바울과 요한이 보여주었던 리더십이었다. 오늘날 우리가 우리의 교회를 살펴보면 대부분의 사역들이 한 두 사람의 뜨거운 열정으로 진행되다가 지치게 되면 다음 사람에게 그 위치를 넘겨주는데 그 다음사람이 그 열정을 유지하지 못하면 소리 없이 그 사역이 사라져 버린다. 그러나 감사한 것은 그럼에도 그 가운데 한둘은 성령의 인도하심으로 우리를 앞으로 전진시키기도 한다.

신선함을 늘 간직하라

우리는 이 기러기의 치리방법을 우리의 교회사역에 적용하였다. 우리는 지금 3명의 전임 예배인도자가 있다. 우리는 그들을, '음악 전문사역자'라고 부른다. 그리고 그들 아래에 12명 정도의 보조 음악 리더들이 있어 전문 음악 사역자들을 돕는다. 그리고 12명의 보조 음악 리더도 시간이 지나면 전문 음악 사역자가 된다. 그런데 이러한 지도체계가 예배를 훨씬 다양하게하고 생동감을 준다. 그리고 이러한 조직이 나에게 우리의 예배는 늘 새롭고 창조적이며 생동감을 주어야 한다고 가르치고 있다. 한 두 사람의 리더가 모든 것을 하는 것보다는 그 리더와 12명 정도의 보조리더가 함께 하는 것이 훨씬 효과적이다.

우리는 이러한 조직을 교회에서 설교와 교육에도 적용하였다. 나는 교회의 모든 행정을 감독한다. 그러나 우리에게는 많은 뛰어난 설교자들과 교사들이 있다. 우리는 우리의 강단을 자유롭게 이들과 함께 나눈다. 이것은 교회를 다양하고 신선하게 만들며 강단을 더욱 강력하게 만든다. 이것은 우리가 부흥집회에서 얻을 수 있는 풍성함을 매주일 얻을 수 있는 계기가 되었고, 우리 교회의 주간 성경공부와 소그룹모임 또 찬양집회,

기도회들을 더욱 역동적으로 움직일 수 있게 만들었다. 이년 전만 해도 나는 이러한 리더십이 교회에서는 가능할 것이라고 생각하지 않았다. 이제 우리는 모든 예배시간에 성도들이나 신학교에 다니는 학생들에게 10-15분정도의 간증시간을 드린다. 그리고 이것은 성도들에게 아주 좋은 반응을 나타내며 그들은 은혜 받은 평신도들의 간증을 매우 기다리며, 이들로부터 신선한 신앙적 도전을 받고 기뻐한다.

우리는 또한 새로운 리더십을 교회의 각 분야에 적용하고 있다. 예를 들면 우리의 어린이 담당사역자가 과중한 사역 때문에 매우 지쳐있었다. 그래서 우리는 그를 잠간 쉬게 하고 다른 사역자가 그 일을 맡게 하였다. 그렇지만 그가 완전히 사역을 떠난 것이 아니고 그 새로 맡은 사역자를 뒤에서 돌보게 하면서 쉬게 하였다.

처음에는 약간의 어려움이 있었지만 곧 회복이 되었고 어린이 사역을 새로 맡은 사역자로 인하여 활기를 띠었다. 그 후 얼마의 기간 후에 지쳤던 사역자는 충분한 휴식을 갖고 그의 비전도 새롭게 정립하면서 다시금 힘찬 마음으로 어린이 사역을 다시 시작할 수 있게 되었다. 하나님은 우리의 사역이 혼자 하는 것이 아니라 함께 도우면서 하기를 원하신다.

우리의 교회 사역분야에서 이 처럼 변화를 시도하려고 하는 분야가 3개정도가 더 있다. 그 중에서는 이미 시작된 것도 있고 이제 막 시작하려고 시도하고 있는 곳도 있다. 나를 포함에서 사역에 봉사하고 있는 사람은 그들이 지쳤다는 생각이 들때 잠시 안식하는 것이 꼭 필요하다. 만약 그렇지 않으면 그때부터 사역의 누수현상이 나타나기 시작한다. 이때야말로 변화의 시기이다. 우리가 만약 사역을 성공적으로 지속하기를 진정으로 원한다면 우리는 휴식의 기간을 반드시 가져야 한다. 진정한 지도

자는 진정한 봉사자와 마찬가지로 이러한 휴식의 기간을 부담없이 기쁨으로 맞아야 한다.

이것은 레위기에서 제사장들이 가졌던 모델임을 우리는 알아야 한다. 그들은 30세가 되었을 때부터 50세가 될 때 까지 제사장으로 성소에서 봉사했다. 그 후 그들은 그들의 직분을 후배들에게 물려주었다. 그것은 사역에 새롭고 신선함을 계속적으로 공급하기 위함이다. 50세가 되어 사역의 일선에서 물러선 제사장들은 사역의 현장에서 완전히 물러나는 것이 아니라, 그의 사역에서 가장 열매를 맺는 하나님과의 깊은 교제의 단계로 들어간다. 그리고 그곳에서 얻은 영적 힘과 지혜로 다가오는 세대들을 지도하고 양육하며, 성전의 문 앞에서 성전을 지키며 사람들을 바른 길로 인도하는 장로의 직분을 감당한다.

신약에서는, 사도와 선지자, 복음 전하는 자와 목사 그리고 교사와 같은 오중사역의 실행의 권위와 장로의 권위간에 차이가 있다. 여기서 주의깊게 살펴보아야 할것은 에베소서 4장에서 목사의 사역이 나머지 오중직임 사역과 강조될 때 단 한번만 신약에서 언급되었다는 것이다. 오늘 우리의 교회에서 목사의 사역이 거의 모든 교회의 사역을 독점하고 있음을 되짚어 새겨 보아야 한다. 교회의 사역은 자격을 갖춘 한사람이 모든 것을 하는 것이 아니라 많은 사람에서 자격을 갖추게 하여 모두가 사역을 공유하도록 하여야 한다. 그래서 예수님은 우리에게 제자삼아 가르치라고 했다.

요약

　만약 교회가 성서적 행정기구 모델을 따르기를 원하면 대부분의 교회와 교회 운동은 근본적으로 바뀌어야 한다. 그러나 이제 그 시기가 다가오고 있음은 확실하다. 요즈음 많은 교회갱신 운동이 세계 교회로 강하게 밀려오고 있다. 그들은 하나님을 섬기는 믿음과 생명으로 기존의 오래된 구습들에게 변화를 촉구하고 있다. 이러한 변화를 받아드리기를 거부하는 것은 마치 그들이 지금 갖고 있는 낡은 포도주 부대를 계속 유지하겠다는 뜻이 된다. 하나님은 새로운 포도주를 받을 수 있는 충분한 여유가 있고 자유롭게 팽창할 수 있는 새 포도주 부대를 찾고 계신다.

　신약성서에 교회의 행정은 가장 혁신적이고, 융통적인 권위 구조 였다. 그들은 중앙집권적인 구도와 민주적 구도를 모두 받아들였다. 또한 동시에 자유와 규제를 포용하였다. 그리고 그러한 제도는 하나님의 성령이 임하여 사용하게 될 때 성령의 흐름을 따라 그 제도를 거부하기도 하고 받아들이기도 하였다. 받아들이거나 저항하는 기준이 사람이 아니고 성령이었다. 그렇지만 어느 시대나 사람을 지도하고 판단하는 기본 규범은 존재하였고 필요하였다.

　하나님은 성경에 교회의 행정구도에 대하여 정확한 기준을 구체적으로 더 많은 규범들을 가지고 제시 하실 수 있으셨다. 그러나 하나님은 성령을 통하여 그 기본 행정구도의 응용과 적응을 우리에게 허용하셨다. 이것은 우리가 하나님이 보시기에 아름다운 성도의 생활을 하기위한 매우 중요한 기준이다. 하나님은 지위와 직책에 기름 부으시지 않고 사람에게 기름 부으신다. 우리는 교회에서 모든 직임들을 가질 수 있다. 그러나 그 직임을 받은 자들이 하나님의 기름 부음을 받지 못하면 교회는 건

잡을 수 없는 혼란으로 빠질 것이다. 그러나 반대로 우리가 교회에 직임이 아직 형성되지 않고 잘못된 직임들이 존재한다고 할지라도 교회 안에 기름부음을 받은 사람들이 많으면 그 교회는 하나님의 통치 안으로 들어가 모든 것이 질서를 잡게 될 것이다. 그럼에도 불구하고 우리의 교회는 올바른 직책들이 만들어져야 하고 그곳에 올바르고 자격을 갖춘 사람들이 임명되어야 한다.

Chapter 9
박해와 인내

    이장에서 우리는 박해가 기독교인의 신앙을 얼마나 깊게 만드는 가를 알아보겠다. 그리고 박해가 이제 다가오는 마지막 시대에 어떠한 모양으로 우리에게 다가 올 것인가를 찾아보겠다.

    1세기에 기독교인들은 많은 기적들을 체험하였다. 하나님은 초자연적이시다. 만약 우리가 하나님을 경험하기를 원한다면 우리는 초자연적 경험을 하게 될 것이다. 우리가 하나님과 동행하기를 원한다면 우리는 반드시 하나님의 초자연적인 능력에 적응되어야 한다. 초대교회 시절에는 하나님은 자신을 사람들에게 계시하셨다. 그 시대의 교회들은 천사들이 방문하고 천사와 대화하는 예들이 많았고 그들이 처음 본 사람이 교회 방문했을 때 그들은 그들은 천사일 수도 있다는 생각 때문에 최선을 다하여 대접하였다(히브리서 13:2 참조). 그 시대에 하나님은 그의 백성과 매우 가까웠다. 그리고 영적인 실체들이 모든 성도들에게 자주 나타났다. 이러한 현상들은 그들이 계속적으로 반대자들에게 박해를 받아도 견디고 이길 수 있는 큰 힘이 되었다.

성경에는 분명히 마지막 날에도 이러한 일과 똑같은 일이 일어난다고 쓰여있다. 마지막 날에 초자연적인 하나님의 능력이 그의 사람들을 통하여 나타나고 동시에 극심한 박해와 고난이 일어난다고 쓰였다. 1세기 때부터 지금까지 교회의 영적 지도자들은 '이른 비와 늦은 비(요엘 2:23)'에 대하여 관심을 가지고 있다. 우리는 이것에 대하여 베드로가 요엘서를 인용하여 사도행전 2:17-21에 이야기 한 것을 알고 있다.

> 하나님이 가라사대 말세에 내가 내 영으로 모든 육체에게 부어 주리니 너희의 자녀들은 예언할 것이요 너희의 젊은이들은 환상을 보고 너희의 늙은이들은 꿈을 꾸리라 그 때에 내가 내 영으로 내 남종과 여종들에게 부어 주리니 저희가 예언할 것이요 또 내가 위로 하늘에서는 기사와 아래로 땅에서는 징조를 베풀리니 곧 피와 불과 연기로다 주의 크고 영화로운 날이 이르기 전에 해가 변하여 어두워지고 달이 변하여 피가 되리라 누구든지 주의 이름을 부르는 자는 구원을 얻으리라 하였느니라

여기서 우리는 하나님이 우리에게 그의 영을 부으시면 그곳에 예언이 나타나고 꿈이 나타나고 비전이 나타남을 알 수 있다. 그리고 이러한 현상은 마지막 날이 가까올수록 더 점진적으로 일어남을 우리는 알 수 있

다. 그것은 우리가 하나님의 강력한 사역을 위하여 반드시 필요로 하기 때문이다. 우리는 바울이 그의 제자들에게, **제자들의 마음을 굳게 하여 이 믿음에 거하라 권하고, 또 우리가 하나님 나라에 들어가려면 많은 환난을 겪어야 할 것이라** 하고 권면한 것에 주목을 해야 한다(행 14:22). 이것은 초대교회에 실제적으로 나타난 현실들이었다. 교회가 고난을 받으면 받을수록 그들은 더욱더 하나님의 영적 능력을 경험하게 되었다. 그래서 그들은 교회에 고난이 밀려오면 하나님께 감사를 드렸다. 왜냐하면 그 고난은 이제 하나님의 영적인 능력이 강하게 교회를 향하여 곧 쏟아져 내린다는 징조이기 때문이다.

사방으로 우겨 쌈을 당함

이제 막 새로 시작된 초대교회들은 지상의 위협적인 공격에 연단되도록 세워진 것처럼 보였다. 그 시대의 종교 지도자들은 위협적인 세상의 세력으로부터 변화를 강요당하였고 그들이 조정할 수 없는 세력들로부터 압박을 받아왔다. 그들은 지배권을 가진 세력들에 의하여 침묵을 강요당하였고 때로는 거짓 증인들 때문에 옥에 갇히기도 하고 로마정부에 끌려가기도 했다. 이들 종교지도자들은 회당으로부터 추방당하였다. 그 시대에 회당에서 쫓겨났다는 것은 그 사회는 물론이고 그들의 가정과 가족과 나라로부터 추방되어 아무 일도 할 수 없는 것을 의미한다.

1세기 이스라엘의 종교적 박해는 로마의 정치적 군사적 압박만큼이나 숨 막히고 힘든 것이었다. 그 시대 교회들은 너무도 심한 박해 가운데 있어서 교회가 새로운 영적운동을 받아들여 보다 높은 단계로 올라가기는 거의 불가능했다. 예수 그리스도의 이름을 부르는 것조차도 로마정부를 자극하게 되었고 그러한 사람은 로마정부의 권위에 반항하고 대적하는 사람으로 간주되었다. 이제 태어난 초대교회들은 그 시대의 사람들이 한 번도 경험해 본적이 없는 극심한 박해를 받았다. 그래서 기독교인이 된다는 것은 그들이 시간과 장소를 가리지 않고 박해의 대상으로 노출 되는 것을 의미했다. 그러나 기독교인 된다는 것은 그 시대에 새롭고 참신한 사람이 된다는 의미도 포함되었다.

신앙과 믿음을 지키기 위하여 고난을 자초하는 사람을 찾아보기는 쉽지 않다. 그러나 그 시대에 사람들은 그들이 믿고 있는 진리를 위하여 목숨도 기꺼이 내어 놓았다. 우리가 이러한 사람을 이 땅에서 찾아보기는 쉽지 않다. 1세기에서 3세기까지는 예수님을 믿는다는 것은 매일 매일 우리의 목숨을 죽음가운데 내어놓는 것과 같았다. 예수님은 그의 제자들에게 자신 때문에 죽음이 그들 앞에 다가 올 것이라고 경고했다.

> 보라 내가 너희를 보냄이 양을 이리 가운데 보냄과 같도다 그러므로 너희는 뱀 같이 지혜롭고 비둘기 같이 순결하라 사람들을 삼가라 저희가 너희를 공회에 넘겨 주겠고 저희 회당에서 채찍질하리라 또 너희가 나를 인하여 총독들과 임금들 앞에 끌려 가리니 이는 저희와 이방인들에게 증거가 되게 하려 하심이라 너희를 넘겨 줄 때에 어떻게 또는 무엇을 말할까 염려치 말라 그때에 무슨 말할 것을 주시리니 말하는 이는 너희가 아니라 너희 속에서 말씀하시는 자 곧 너희 아버지의 성령이시니라 장차 형제가 형제를 아비가 자식을 죽는 데 내어주며 자식들이 부모를 대적하여 죽게 하리라 또 너희가 내 이름을 인하여 모든 사람에게 미움을 받을 것이나 나중까지 견디는 자는 구원을 얻으리라 이 동네에서 너희를 핍

박하거든 저 동네로 피하라 내가 진실로 너희에게 이르노니 이스라엘의 모든 동
네를 다 다니지 못하여서 인자가 오리라 제자가 그 선생보다 또는 종이 그 상전
보다 높지 못하나니 제자가 그 선생 같고 종이 그 상전 같으면 족하도다 집 주인
을 바알세불이라 하였거든 하물며 그 집 사람들이랴 그런즉 저희를 두려워하지
말라 감추인 것이 드러나지 않을 것이 없고 숨은 것이 알려지지 않을 것이 없느
니라 내가 너희에게 어두운 데서 이르는 것을 광명한 데서 말하며 너희가 귓속
으로 듣는 것을 집 위에서 전파하라 몸은 죽여도 영혼은 능히 죽이지 못하는 자
들을 두려워하지 말고 오직 몸과 영혼을 능히 지옥에 멸하시는 자를 두려워하라
참새 두 마리가 한 앗사리온에 팔리는 것이 아니냐 그러나 너희 아버지께서 허
락지 아니하시면 그 하나라도 땅에 떨어지지 아니하리라 너희에게는 머리털까
지 다 세신바 되었나니 두려워하지 말라 너희는 많은 참새보다 귀하니라 누구든
지 사람 앞에서 나를 시인하면 나도 하늘에 계신 내 아버지 앞에서 저를 시인할
것이요 누구든지 사람 앞에서 나를 부인하면 나도 하늘에 계신 내 아버지 앞에
서 저를 부인하리라 내가 세상에 화평을 주러 온 줄로 생각지 말라 화평이 아니
요 검을 주러 왔노라 내가 온 것은 사람이 그 아비와, 딸이 어미와, 며느리가 시
어미와 불화하게 하려 함이니 사람의 원수가 자기 집안 식구리라 아비나 어미
를 나보다 더 사랑하는 자는 내게 합당치 아니하고 아들이나 딸을 나보다 더 사
랑하는 자도 내게 합당치 아니하고 또 자기 십자가를 지고 나를 좇지 않는 자도
내게 합당치 아니하니라 자기 목숨을 얻는 자는 잃을 것이요 나를 위하여 자기
목숨을 잃는 자는 얻으리라 (마 10:16-39)

사도행전에 보면 초대교회는 박해를 통하여 태어났고 약간의 소강기
간이 있었지만 대부분 계속적인 박해 속에서 자라고 번성하였다. 사악한

악마적 소문들이 로마제국의 사람들에 의하여 사방으로 퍼져나갔다. 그들은 기독교인이 하고 있는, '사랑의 식사'와 성만찬예식은 범죄적인 요소를 갖고 있는데 기독교인이 사람들을 속이고 있다고 했다. 성만찬은 예수님의 사랑의 상징으로 포도주는 예수님의 피를, 빵은 예수님의 살을 상징하여 나누었다. 그러나 그들은 기독교인들이 어린아이를 죽여서 그 아이의 피와 살을 먹는다고 소문을 퍼트렸다.

그 소문은 여러 세기동안 기독교인을 사람을 먹는 사람으로 오도하였다. 그리고 기독교인들은 이러한 사람을 먹는 혐오적인 일을 은밀히 가정에서 모여서 하고 있다고 소문을 냈다. 그래서 로마 사람들은 기독교인들을 정죄하여 동물에게 던져 죽게 하였다. 그리고 이러한 일이 로마시의 많은 곳에서 기독교인을 사자와 같은 동물에게 던져 구경하는 운동경기로 발전하기도 했다. 그들은 기독교인들을 십자가에 달리기도 하고 뜨거운 기름 속에 담그기도 하고 태우기도 하고 심지어는 길가의 가로등처럼 매달아 놓기도 하였다. 이러한 심한 박해는 로마 정부가 그의 강력한 권력을 이스라엘 사람들에게 과시하기 위하여 의도적으로 자행되었으며, 이것은 유대인들이 기독교를 말살하려는 정책과 서로 맞물려 더욱 박해를 받았다.

그들이 순교하면 할수록 교회는 더욱 강하여졌다.

그 당시의 로마정부와 종교지도자들을 놀라게 했던 것은 그들이 교회를 박해하면 할수록 교회가 더욱 강해지고 퍼져나간다는 것이었다. 정부에서 교회를 흩으면 성도들은 마치 씨앗처럼 흩어져 20명 혹은 40명의 그룹을 만들었다. 한 지도자가 순교당하면 12명의 지도자가 일어나 그 자리를 대신 하였다. 로마사람들은 세계를 칼로 정복했지만 초대교인들은 진리로 세상을 정복해 나갔다.

박해가 심해지면 심해질수록 교회에는 하나님의 은총이 더욱 퍼져나갔다. 이것은 마치 기독교의 첫 번째 순교자인 스데반 집사의 사건과 같았다. 그가 돌에 맞아 죽어갔을 때 그의 육체는 고통으로 가득하였지만 그는 하늘이 열리고 하늘의 영광이 자신을 감싼 것을 보았다. 로마사람들에 의하여 순교를 당하던 초대교회 성도들도 이와 동일한 하늘의 영광을 극심한 육체의 고난가운데서도 경험하였다. 죽음의 순간에 그들에게 놀라운 하나님의 평화와 영광이 임하였고 그 모습이 그들의 얼굴에 나타났다. 그러나 놀라운 것은 그들이 평화롭게 죽어가는 모습을 보고 많은 사람들이 주님을 구주로 영접했다는 사실이다.

많은 사람들이 기독교인들이 사자에 의하여 찢기는 모습을 보려고 몰려들었다. 그러나 그들은 사자에게서 몸이 찢겨도 평화롭게 죽어가는 모습을 보면서 그들이 이제까지 찾아보지 못하였던 평화로운 모습을 기독교인들에게서 보았던 것이다. 그리고 그 평화는 어떤 인간의 표현으로도 설명할 수 없었다.

성자들의 인내

교회에 대한 이런 박해는 한 두 달이나 일 년에 걸쳐있었던 것이 아니다 무려 30년이나 계속된 것이다. 가장 심한 박해는 마지막 십년동안 행해졌다. 303년 2월 24일 기독교인이 소유한 모든 재산은 몰수되고 그들의 성경들은 불태우라는 명령이 선포되었다. 그리고 모든 기독교인은 노예의 신분으로 전락했다.

기독교인들의 인간적 권한은 모두 상실하게 되었고 로마사람들은 누구든지 이 기독교인들의 재산을 마음대로 빼앗고 그들을 자기의 노예로 만들 수 있었다. 수많은 사람이 처형당하고 감옥에 갇혔다. 그러나 그들의 믿음은 더욱 강렬하여졌고 힘차게 세계를 향하여 펼쳐나갔다. 그리고 그들은 더욱 용감하게 믿음을 지켰다. 박해자들이 육체는 해할 수 있었으나 그들의 진리는 결코 해 할 수가 없었다.

박해는 그들의 신앙을 더욱 순수하게 만들고 강하게 만들었을 따름이다. 이 박해의 기간 동안에는 거짓 회심은 없었다. 왜냐하면 그 가운데 영적인 지도자가 된다는 의미는 순교의 목표물이 되는 것을 의미하므로 개인적인 야망으로 지도자의 위치를 탐하는 사람은 한 사람도 없었다. 그들은 오직 하나님과 하나님의 백성에 대한 신실한 사랑만으로 불타올랐다. 순교의 기간이 지나고 교회의 평화 시대에 아주 작은 문제들이 교회를 갈라놓기도 했지만 그 순교의 시절에는 교회를 어지럽히는 어떤 문제도 발생하지 않았다. 순교는 나무와 덤불과 가시들을 함께 태워버리는 불과 같아서 그 불길이 교회와 성도를 정제하여서 성도와 교회를 정금처럼 순백의 은처럼 귀중한 보석처럼 만들었다.

바울은 이것에 대하여 영적인 아들이 디모데에게 다음과 같이 이야기했다.

무릇 그리스도 예수 안에서 경건하게 살고자 하는 자는 핍박을 받으리라 (딤후 3:12)

그리고 예수님은 마태복음에서 이런 고난에 대하여 아래와 같이 이야기 했다.

> 의를 위하여 핍박을 받은 자는 복이 있나니 천국이 저희 것임이라 나를 인하여 너희를 욕하고 핍박하고 거짓으로 너희를 거스려 모든 악한 말을 할 때에는 너희에게 복이 있나니 기뻐하고 즐거워하라 하늘에서 너희의 상이 크니라 너희 전에 있던 선지자들을 이같이 핍박하였느니라 (마 5:10-12)

우리가 성경에 나타난 교회 역사를 살펴보면 고난과 박해는 교회와 성도를 믿음으로 더욱 신실하게 만드는 가장 정상적인 과정임을 알 수 있다.

우리는 분명히 물을 마실 컵을 가지고 있다.

진실한 기독교는 세상의 악한 세력에 의하여 공격받고 위협을 받아왔다. 심지어는 세상과 타협하는 타락한 기독교에 의해서도 박해와 시련을 받아왔다. 그러나 이러한 박해와 공격이 우리를 놀라게 하거나 용기를 꺾지 못한다. 오히려 우리는 그들의 공격을 예상하며 더욱 무장한다. 사실, 우리가 박해를 받고 있지 않을 때 우리는 자신을 경계해야한다. 우리가 외부로부터 박해를 받지 않음은 곧 우리가 하나님 안에서 신실하게 살고 있지 않기 때문일 수도 있기 때문이다. 그러므로 우리는 어둠의 세력의 공격을 겁내지 않고 공격을 받을 때 더욱 기뻐한다.

박해는 우리의 믿음과 신앙생활에 위협을 가하여 믿음에서 멀어지며 하나님을 붙들고 사는 삶을 못하게 하기 위하여 사탄이 주는 시험이다.

그러므로 진실로 하나님을 믿고 진리 가운데 서 있는 사람은 박해로 인하여 그들의 목숨이 끊어진다해도 그것 때문에 악과 타협하지 않는다.

복음의 진리는 사람의 목숨보다 더 중요하다. 우리가 성서의 증거에서도 보았듯이 가룟 유다를 제외한 모든 예수님의 제자들은 순교하였다. 기록에는 나타나지 않았으니까 어쩌면 요한은 아닐 수도 있다. 순교자들의 이야기와 명단들은 팍스의 순교자의 책이나, 제롬이나 클레어몬트 그리고 다른 초대교회 교부들이 쓴 기록에 나와 있다. 이러한 기록들은 증인들의 간증이라기 보다는 전통적으로 교회사에서 전하여지는 기록 들이다. 아무튼 순교자의 숫자는 그들이 보고한 기록보다는 훨씬 많은 숫자였을 것이 틀림없다.

사도들의 순교

스데반과 야고보와 요한의 형제가 순교당한 후에도 박해는 계속 되었다. 클레어몬트의 기록에 의하면 야고보가 법정에 섰을 때 자기의 잘못으로 그곳에 끌려온 한 죄인이 있었다. 그는 야고보가 고통가운데 죽게 되는 것을 보고 그의 마음이 크게 움직여 자신의 죄를 회개하고 예수님을 구세주로 고백했다. 그래서 그 죄인도 야고보와 함께 형장으로 끌려갔다. 형장으로 끌려가면서 그는 야고보에게 그가 세상에서 범한 죄를 용서해 달라고 했다. 야고보는 잠시 있더니, "형제여 당신에게 주님의 평화가 있기를 기도한다."고 말하고 그에게 키스를 했다. 그들은 함께 A. D. 36년에 교수형을 당하였다.

도마는 파티안과 메다와 페르시아와 카메니안과 하이크렌과 박트리안과 마아진에서 설교하였다. 그리고 인디아의 한 마을 카르메니아에서 화살로 처형되었다.

유다의 형제인 시몬은 타르쟌 황제의 시대에 이집트의 한 도시에서 십자가형에 처하여져 죽었다.

사도 시몬은 마르탄니아에서 설교하였고 아프리카에서 설교하였으며 브리티안에서 십자가형으로 죽었다.

전도자이며 알렉산드리아의 첫 번 비숍이였던 마가는 이집트에서 복음을 전파하였고 그곳에서 밧줄에 매달려 죽었다. 그 후 그들은 그의 시체를 불살랐다. 이것은 트라쟌 황제시대에 이루어졌다.

바돌로메는 인도에서 설교하였고 마태복음을 그들의 언어로 번역하였다. 그는 아르메니에 있는 도시 중 하나인 알비노폴리스에서 채찍에 맞고 십자가에 달린 후 목이 잘려죽었다.

베드로의 형제인 안드레는 세바스토폴리스에서 로마 집정관 아가스에 의하여 십자가 형에 처하여 죽었다. 안드레는 설교를 통하여 많은 사람을 주님에게로 이끌었다. 그런데 그 마을에 집정관 아가스가 와서 우상에게 절하고 배교하기를 강요했다. 안드레는 아가스의 면전에서 그에게 대항하였다. 그는 로마 사람이 섬기고 있는 우상은 거짓 신이고 인류의 적이고 악마라고 했다. 그래서 정부는 그에게 더 이상 그와 같은 설교는 중단하라고 했다. 그렇지 않으면 그를 십자가에 달아 십자가 형을 처하겠다고 했다. 안드레는, "내가 십자가에 달리는 것이 두려우면 십자가의 영광과 존경을 설교하지 않겠다."고 반박했다. 안드레는 그 때 즉시 붙잡혀 죽었다.

안드레가 처형당할 장소를 바라보았을 때 멀리 떨어져 있는 그를 처형하려는 십자가를 볼 수 있었다. 그때 그는, "오 십자가야 너는 내가 그렇게도 갖기를 소원하였고 찾았던 것이다. 이제 나의 마음은 기쁨으로 충만하다. 이제 나는 나의 주님이 달리신 십자가를 향하여 나아간다. 내가 주님을 늘 사랑하였기에 이제 십자가위에서 주님은 나를 포옹하실 것이다."라고 외쳤다.

레위사람이라고 부르는 마태는 에디오피아에서 많은 사람들을 전도하고 그곳의 왕 히르카누스에 의하여 창에 찔려 죽었다.

사도 빌립은 그 시대에 야만인으로 불리는 나라에 가서 복음을 전파하였으며 피르기아의 한 도시인 히라폴리스에서 돌에 맞고 십자가 형에 처하여 죽었다.

주님의 형제 야고보는 의로운 사람이여서 예루살렘에 있는 모든 사람에게서 귀하게 여김을 받았다. 그래서 사람들은 그를, '의로운 사람 야고보' 라고 불렀다. 도시의 지도자들은 율법학자들과 바리새인들이 야고보를 예수를 메시아로 믿고 있는 사람들을 재교육 시키는 사람으로 지목한 줄 알고 유월절에 그를 불러 많은 사람들에게 그의 의견을 말하라고 했다. 그때 야고보는 사람들에게 예수님은 그리스도시고 지금 하나님의 보좌의 우편에 앉으셨다고 증언했다. 그때 사람들은 그를 위에서 아래로 굴러 떨어지게 밀쳤다. 그는 즉시 죽지는 않았으나 무릎을 꿇고 그를 박해하는 사람을 위하여 기도했다. 그들은 달려들어 그에게 돌을 던지기 시작했다. 그러나 그는 스데반처럼 계속 기도를 하다가 죽었다.

베드로가 로마에서 설교하고 있을때, 네로가 그를 찾아 죽이려고 했기 때문에 로마를 떠나야 했다. 그가 성문을 통과하여 떠나려고 할 때 주님이 그를 만나러 오시는 환상을 보았다. 베드로는 그 주님께 예배를 드리면서 주님께서 어디로 가시는 가를 물었다. 주님은 다시 십자가에 달려 돌아가기 위하여 내려간다고 하셨다. 베드로는 이것이 이제 그가 죽음으로 주님을 따르는 시간임을 주님이 그에게 알려준 것이라고 해석했다. 그래서 그는 다시 도시로 돌아왔다. 체포되었을 때 그는 관리들에게 자신을 십자가에 거꾸로 매달아 달라고 했다. 그는 자신은 감히 주님과 같은 모양으로 십자가에 달릴 만한 자격이 없다고 생각했다. 관리들은 그의 요청을 받아주어 거꾸로 매달아 처형하였다.

사도 바울역시 네로에 의하여 순교 당했다. 네로는 그의 측근인 두 친구 페레가와 파세미우스를 바울에게 보냈다. 네로는 그들에게 바울을 처형하라는 교서를 보냈다. 바울은 그의 사형통지서를 가져온 두 친구를 위하여 기도하였다. 그리고 무덤 앞에서 그들에게 예수를 믿고 세례받기를 권면했다. 그는 도시 밖으로 끌려가 교수형을 당했지만 이 두 친구는 예수를 믿게 됐다.

박해는 황제 베스파시안때 잠시 중단되었다. 그러나 티투스의 형제인 도미시안 황제때 다시 계속되었다. 이 박해로 사도요한은 밧모 섬으로 귀양을 갔었다. 도미시안이 죽은 후 그는 풀려났다. 그때 그는 에베소로 가서 트라지 안 시대까지 거기에 머물렀다. 거기서 그는 교회들의 장로로 있으면서 복음서를 썼다. 요한의 사역은 거기서 그가 100세가 될 때까지 계속하였다. 물론 로마 정부는 그 후에도 여러 차례 그를 죽이려고 시도했다. 그러나 그들은 성공하지 못했다. 신빙성은 없지만 어떤 문헌에는 그가 밧모 섬으로 귀양가기 전에 뜨거운 기름에 담겨져 처형됐다는 기록이 있다. 그러나 그의 죽음에 대한 확실한 기록은 없다. 그리고 그 때문에 사람들은 예수님이 베드로에게 요한에 대하여 언급한 대목을 연상

하기도 한다.

> 이에 베드로가 그를 보고 예수께 여짜오되 주여 이 사람은 어떻게 되겠삽나이까 예수께서 가라사대 내가 올 때까지 그를 머물게 하고자 할지라도 네게 무슨 상관이냐 너는 나를 따르라 하시더 이 말씀이 형제들에게 나가서 그 제자는 죽지 아니하겠다 하였으나 예수의 말씀은 그가 죽지 않겠다 하신 것이 아니라 내가 올 때까지 그를 머물게 하고자 할지라도 네게 무슨 상관이냐 하신 것이러라

그들은 그들의 삶보다는 죽음을 택했다.

초대교회들이 그들의 영적 지도자들이 순교당하는 것을 보는것은 마치 강풍을 맞는 것과 같았다. 그러나 그들의 죽음이 초대교회의 열정을 꺼지게 하지는 못하였다. 교회는 더욱 강하게 자랐고 복음은 계속적으로 퍼져나갔다. 지도자를 죽인다고 해서 기독교가 그 성장을 멈추지는 않았다. 그래서 로마제국은 예수님을 믿는 모든 사람을 죽이는 대 박해로 정책을 밀고 나갔다. 어떤 도시에서는 매일 천여 명씩이 순교를 당했다. 그러나 초대교회의 복음전파의 열정은 더욱 강화되었다. 그래서 심지어 로마관리들까지 이제는 학살정책이 기독교인들의 복음의 열정을 식히는데 아무런 도움이 없다고 보고했다. 종교적 열정과 대학살과 함께 그 도시의 범죄자들의 수효가 격감되는 기현상이 나타났다. 순교자들은 인내를 갖고 평화롭게 죽어갔다. 그들은 모질게 고문을 당하고 죽어갔지만 그들의 신앙은 더욱 강하게 불타올랐다.

약간의 휴지기는 있었지만 박해는 311년 까지 계속되었다. 그리고 동

쪽지역에서는 313년까지 계속되었다. 그리고 이러한 박해는 기독교를 말살한다는 것이 거의 불가능하다는 증거를 보여주었다.

오늘날 까지도 세계의 여러 곳에서 기독교는 정부와 관리들에 의하여 박해를 받고 있다. 그런데 지난 10년 동안 기독교가 가장 성장한 지역이 이들 박해받는 지역이라는 것은 놀라운 일이다. 기독교는 지금도 전 세계 각 지역에서 박해를 받고 있으며 그럼에도 매일 20만에서 40만 명이 주님을 영접하고 있다는 것은 매우 놀라운 일이다. 기독교는 지금 세계의 어느 종교보다 3배나 빠르게 성장하고 있다. 심지어 세계의 일부 나라에서는 자연적 인구증가보다 빠른 속도로 기독교 인구가 증가하고 있다. 기독교 세계는 이스라엘 민족에게 이야기하였듯이, "세상이 그들을 더욱 학대하면 할수록 그들은 더욱 증가될 것이다."는 이야기가 그대로 적용이 된다.

> 다만 이분 아니라 우리가 환난 중에도 즐거워하나니 이는 환난은 인내를, 인내는 연단을, 연단은 소망을 이루는 줄 앎이로다 소망이 부끄럽게 아니함은 우리에게 주신 성령으로 말미암아 하나님의 사랑이 우리 마음에 부은 바 됨이니 (롬 5:3-5) 전날에 너희가 빛을 받은 후에 고난의 큰 싸움에 참은 것을 생각하라 혹 비방과 환난으로써 사람에게 구경거리가 되고 혹 이런 형편에 있는 자들로 사귀는 자 되었으니 너희가 갇힌 자를 동정하고 너희 산업을 빼앗기는 것도 기쁘게 당한 것은 더 낫고 영구한 산업이 있는 줄 앎이라 그러므로 너희 담대함을 버리지 말라 이것이 큰 상을 얻느니라 너희에게 인내가 필요함은 너희가 하나님의 뜻을 행한 후에 약속을 받기 위함이라 잠시 잠간 후면 오실 이가 오시리니 지체하지 아니하시리라 오직 나의 의인은 믿음으로 말미암아 살리라 또한 뒤로 물러가면

내 마음이 저를 기뻐하지 아니하리라 하셨느니라 우리는 뒤로 물러가 침륜에 빠질 자가 아니요 오직 영혼을 구원함에 이르는 믿음을 가진 자니라 (히 10:32-39)

요약

우리가 요한 1서 5:19에서, "또 아는 것은 우리는 하나님께 속하고 온 세상은 악한 자 안에 처한 것"으로 보는 것처럼 우리는 지금 적의 요새에 살고 있다. 우리는 지금 적진에 떨어져 있다. 그러므로 우리는 박해가 없이는 살 수 없는 세계에 살고 있다. 그리고 우리의 목적은 박해가 없이 사는 것이 아니다. 왜냐하면 박해는 하나님께서 그의 사람을 그분의 형상으로 완성시키기 위하여 악을 이용하여 사용하시는 도구이기 때문이다.

만약 우리가 예수님과 같이 되기를 원한다면 우리는 박해와 불의와 거절과 배신의 일들을 악한 마음이 아닌 거룩한 선으로 대항하는 법을 알아야 한다. 그리고 이러한 시련을 통하여 성령의 열매를 맺어야 한다. 주님은 그가 부활하신 후에 사탄을 결박하시고 그를 즉시 쫓아 내셨다. 주님은 우리의 유익을 위해서만 하신것이 아니다. 지금 현재 시대에도 예수님과 함께 유업을 얻을 상속자가 되고자 온전하게 소명을 받은 자들을 위한 목적이며, 그것은 통치와 다스림을 위한 훈련이다. 우리는 우리에게 다가오는 모든 시련을 잘 살피고 공부하며 그것이 은혜 가운데 우리를 성장하도록 이용해야 한다.

성경은 분명히 마지막 날의 세계는 깊은 어두움을 경험할 것이며 그와 동시에 위대한 하나님의 영광을 경험할 것이라고 말한다(이사야 60:1-3 참조). 어두움은 빛을 만드는데 도움을 준다. 우리가 역사에서 살펴보면 박해는 항상 교회를 강하게 만들었다. 그리고 그러한 일은 우리의 시대에도 마찬가지이다. 우리에게 형통함이 있을 때 그것을 기쁨으로 즐기자. 그러나 우리에게 시련이 오고 어려움이 올 때 힘들어 하지 말고 그것을 우리의 성장의 기회로 만들자. 위대한 지도자는 갑자기 생기는 것이 아니다. 그가 지도자가 되기까지 많은 시련과 연단을 거쳐야 한다. 우리가 위대한 기독교인이 되기 위하여는 반드시 어두움의 시기를 견디어 내야만 한다. 이제 거대한 어두움이 우리를 향하여 돌진해 올 것이다. 그러나 그와 동시에 위대한 영광이 우리에게 다가오고 있다.

우리가 다가올 환란을 준비하기 위하여 꼭 해야 할 일 가운데 하나는 진리를 진정으로 사랑하는 법을 알아야 한다. 우리는 우리의 뿌리를 하나님의 말씀에 깊이 내려야하고 우리가 믿는 것에 대하여 확실히 알아야 한다. 우리는 생명의 댓가를 치루고서라도 우리에게 위임된 것들을 지키고자 진리가 아닌 것들과 타협하지 않기로 결정해야 한다. 우리가 직면하는 유혹들은 작은것에 조금씩 타협의 문을 열어놓게 하는 것들인데, 우리는 우리 신앙의 고백을 굳건하게 붙잡고 항상 예수님을 바라보며 나가야 한다. 그리고 우리 속에 우리를 박해하는 자들을 사랑할 수 있는 능력과 인내가 충만해 질 때까지 우리 자신을 굳게 붙들자. 그리고 우리 속에 하나님의 진리가 뿌리를 내리는 것처럼 하나님의 길이 온전히 이루어질 때까지 우리의 연단의 고삐를 놓지 말자. 교회가 이 일을 잘 감당 할 때 세계는 우리를 통하여 하나님의 거대한 빛을 보게 될 것이다.

형제들아 너희가 삼가 혹 너희 중에 누가 믿지 아니하는 악심을 품고 살아 계신 하나님에게서 떨어질까 염려할 것이요 오직 오늘이라 일컫는 동안에 매일 피차 권면하여 너희 중에 누구든지 죄의 유혹으로 강퍅케 됨을 면하라 우리가 시작할 때에 확실한 것을 끝까지 견고히 잡으면 그리스도와 함께 참예한 자가 되리라 (히 3:12-14)

이러므로 우리에게 구름 같이 둘러싼 허다한 증인들이 있으니 모든 무거운 것과 얽매이기 쉬운 죄를 벗어 버리고 인내로써 우리 앞에 당한 경주를 경주하며 믿음의 주요 또 온전케 하시는 이인 예수를 바라보자 저는 그 앞에 있는 즐거움을 위하여 십자가를 참의사 부끄러움을 개의치 아니하시더니 하나님 보좌 우편에 앉으셨느니라 너희가 피곤하여 낙심치 않기 위하여 죄인들의 이같이 자기에게 거역한 일을 참으신 자를 생각하라 너희가 죄와 싸우되 아직 피흘리기까지는 대항치 아니하고 또 아들들에게 권하는 것 같이 너희에게 권면하신 말씀을 잊었도다 일렀으되 내 아들아 주의 징계하심을 경히 여기지 말며 그에게 꾸지람을 받을 때에 낙심하지 말라 주께서 그 사랑하시는 자를 징계하시고 그의 받으시는 아들마다 채찍질하심이니라 하였으니 너희가 참음은 징계를 받기 위함이라 하나님이 아들과 같이 너희를 대우하시나니 어찌 아비가 징계하지 않는 아들이 있으리요 징계는 다 받는 것이거늘 너희에게 없으면 사생자요 참 아들이 아니니라 또 우리 육체의 아버지가 우리를 징계하여도 공경하였거늘 하물며 모든 영의 아버지께 더욱 복종하여 살려 하지 않겠느냐 저희는 잠시 자기의 뜻대로 우리를 징계하였거니와 오직 하나님은 우리의 유익을 위하여 그의 거룩하심에 참예케 하시느니라 무릇 징계가 당시에는 즐거워 보이지 않고 슬퍼 보이나 후에 그로 말미암아 연달한 자에게는 의의 평강한 열매를 맺나니 그러므로 피곤한 손과 연약한 무릎을 일으켜 세우고 너희 발을 위하여 곧은 길을 만들어 저는 다리로 하여금 어그러지지 않고 고침을 받게 하라 모든 사람으로 더불어 화평함과 거룩함을 좇으라 이것이 없이는 아무도 주를 보지 못하리라 너희는 돌아보아 하나님 은혜에 이르지 못하는 자가 있는가 두려워하고 또 쓴 뿌리가 나서 괴롭게 하고 많은 사람이 이로 말미암아 더러움을 입을까 두려워하고 음행하는 자와 혹 한 그릇 식물을 위하여 장자의 명분을 판 에서와 같이 망령된 자가 있을까 두려워하라 너희의 아는 바와 같이 저가 그 후에 축복을 기업으로 받으려고 눈물을 흘리며 구하되 버린 바가 되어 회개할 기회를 얻지 못하였느니라 너희의 이른 곳은 만질 만한 불 붙는 산과 흑운과 흑암과 폭풍과 나팔소리와 말하는 소리가 아니라 그 소리를 듣는 자들은 더 말씀하지 아니하시기를 구하였으니 이는 짐승이라도 산에 이르거든 돌로 침을 당하리라 하신 명을 저희가 견디지 못함이라 그 보이는 바가 이렇듯이 무섭기로 모세도 이르되 내가 심히 두렵고 떨린다 하였으나 그러나 너희가 이른 곳은 시온 산과 살아계신 하나님의 도성인 하늘의 예루살렘과 천만 천사와 하늘에 기록한 장자들의 총회와 교회와 만민의 심판자이신 하나님과 및 온전케 된 의인의 영들과 새 언약의 중보이신 예수와 및 아벨의 피보다 더 낫게 말하는 뿌린 피니라 (히 12:1-24)

Chapter 10
사도행전을 넘어서

    신실한 하나님에 대한 믿음의 소유자들은 성경에 쓰인 모든 말을 믿을 뿐만 아니라 하나님께서는 똑같은 일을 오늘날 우리에게도 하심을 믿는다. 이러한 믿음은 이제 마지막 날에 이 땅에 계속해서 나타날 허다한 믿음의 증인들에 의하여 더욱 자라게 될 것이다.

    출애굽기에 보면, 하나님의 이름을 모세가 물었을때, 하나님은 그분의 이름을 '나는 누구였다' 또는 '나는 누구일 것이다' 라고 응답하지 않으셨다. 그분은 '나는 스스로 있는 자' 라고 현재시제로 말씀 하셨다. 이것은 바로 지금 우리와 함께 하시는 하나님은 과거도, 미래도 아닌 항상 현존하시는 그분의 임재를 강조하신 말씀이다. 그러므로 우리가 하나님을 알려고 할 때 그분은 지금 나와 함께 계신 분으로 인식해야 한다. 그리고 우리가 성경에 나오는 모든 사건들은 진실임을 믿는것도 매우 중요하다. 이유는 성경의 사건을 믿음이 우리에게 하나님과 인간의 관계가 얼마나 친밀한가를 가르쳐주기 때문이다. 이러한 진리들이 매우 중요하지만 이것이 우리에게 믿음을 주지는 않는다. 그러나 이것들은 우리가 믿음을 갖는 기초를 마련해 준다. 믿음의 목적은 하나님을 아는 것이며, 우리 삶 속에서 살아계신 그 분을 경험하는 것이다.

히브리서 11:6에 보면: **"믿음이 없이는 기쁘시게 못하나니 하나님께 나아가는 자는 반드시 그가 계신 것과 또한 그가 자기를 찾는 자들에게 상 주시는 이심을 믿어야 할지니라"** 라고 기록되어 있다. 이 본문을 자세히 보면 하나님을 믿는 자는 반드시 그가 지금 내 곁에 계심을 믿어야 한다고 했다. 하나님은 과거의 성경 속에 있는 분이 아니고 지금 살아서 우리 곁에 계시다. 히브리서 13:8에 보면: **"예수 그리스도는 어제나 오늘이나 영원토록 동일하시니라"** 라고 기록되어 있다. 그러므로 우리가 사도행전을 읽을 때 하나님이 초대교회 하신 일의 역사적 기록으로만 읽어서는 안된다. 사도행전을 오늘날 우리의 교회에 하나님이 하시고자 하는 청사진으로 보아야 한다. 그리고 사도행전에 기록된 사건들을 넘어서 우리에게 무엇인가를 하시기를 원하시는 하나님의 초대의 말씀이 있다. 우리가 요한복음 14:12를 보면 바로 이러한 하나님의 소망이 표현되어 있음을 알 수 있다.

내가 진실로 진실로 너희에게 이르노니 나를 믿는 자는 나의 하는 일을 저도 할 것이요 또한 이보다 큰 것도 하리니 이는 내가 아버지께로 감이니라

사도행전에 나타난 사도들의 행적은 대단한 것이였다. 그렇지만 그 어떤 것도 예수님께서 이 땅에서 하신 일과는 감히 비교할 수가 없다. 사실, 역사상으로 보아도 예수님보다 더 큰 일을 한 사람은 없다. 그렇지만 주님께서 하신 이 말씀은 분명 우리에게 사실로 다가올 것이라고 우리는 믿는다. 다시 한 번 이야기하지만 나는 예수님의 크신 가르침을 이야기 하고 있는 것이 아니다. 나는 예수님의, "크신 일"을 이야기 하고 있으며 그 위대한 일이 우리에게 나타나심을 이야기 하고 있다.

이 본문은 우리가 주님보다 더 큰 믿음을 갖고 위대한 일을 할 것이라는 것에 강조점이 있는 것이 아니라, 하나님께서는 당신의 크신 일을 하고자 하는 강한 열망이 있는 사람들을 찾고 계시며, 그들을 찾으면 그들을 통하여 그의 놀라운 일을 하시겠다는 뜻이다. 하나님은 마지막 날에 성소를 회복시키어 그곳에서 큰 영광을 받으시겠다고 하셨다. 그러므로 하나님의 능력을 받아 교회에 큰일을 행할 때 우리가 영광을 받으면 큰 잘못을 범하게 된다. 우리가 하나님의 큰일을 나타내더라도 영광은 하나님께 돌려야 한다. 하나님의 일은 우리가 원하는 때가 아니라 하나님이 원하시는 때에 해야 한다. 그리고 성전의 회복은 성전의 겉모양의 회복이 아니라 안에서 일어나야 하는 거대한 영적인 회복이다. 사람 중심의 성전이 하나님 중심의 성전으로 회복되어야 한다는 말이다.

예수님은 이 땅에 계실 때 하나님의 뜻이면 어떤 크고 놀라운 일도 다 하셨다. 유대인들이 예수님께 그가 하늘로부터 왔다는 증거를 대라고 했다. 그들은 예수님께 여호수아가 했던 태양이 멈추는 것과 같은 기적을 보이라고 했다. 물론 예수님은 그러한 일을 할 수 있다. 아니 그보다 더 큰 일도 할 수 있다. 그러나 그분 하나님의 뜻이 아니면 아무 일도 하지 않으셨다. 예수님이 이 땅에 오신 첫 번째 목적은 하나님의 구속의 역사를 이루는 것이요, 그분과 함께 유업을 얻을 상속자를 부르시기 위함이다. 이제 예수님은 하늘에 승천하셨기 때문에 예수님의 크신 일들은 우리를 통하여 이루어 질 것이다. 예수님의 십자가는 죄의 타락으로 부터 잃어버린 모든것을 구속하기 위한 능력을 구원받은 우리가 얻도록 그 권리와 권위를 다시 되찾은 것이다. 그것은 이 땅과 땅에 거하는 모든것들에 대한 회복과 구속이다.

이제 구원은 이루어졌고 그 구원이 우리를 회복시키는 과정이 남아있다. 그러나 주님은 그 회복의 과정을 이루어 가면서 예수님이 우리에게 주신 능력이 제한 받기를 원하지 않으신다. 놀라운 주님의 역사와 기적은 이제 마지막 날을 위하여 준비되어 있다. 이러한 주님의 역사와 능력이 마지막 때를 위하여 준비되고 있는 이유는 우리가 맞이할 마지막 때는, 반드시 우리에게 이러한 주님의 능력을 요구하기 때문이다. 바울은 죄가 많은 곳에 은혜도 많다고 하였다. 마지막 때는 죄가 넘치므로 반드시 은혜도 넘칠 것이다. 주님은 최상의 포도주를 마지막을 위하여 예비해 놓으셨다. 아마도 우리는 우리가 그 마지막 시대를 맞이할 때까지 하나님이 왜 그의 능력을 남기어 두셨는지를 온전히 깨닫지 못할 것이다. 그러나 지금이 바로 주님이 그 일을 하실 때이다.

처음이요 나중이신 하나님 (알파와 오메가)

주님은 자신을, "알파와 오메가"(계시록 1:8)라고 표현하셨다. 이것은 그리스어의 알파벳 처음과 끝 단어이다. 이것은 주님이 자신을 처음과 나중이라는 의미로 표현한 것이다. 주님의 삶을 살펴보면 예수님이 이 세상에 오신 목적을 시작인 탄생과 십자가의 죽음으로 계시하셨다. 이것은 성경에서 우리에게 이른 비와 늦은 비를 보내겠다는 이유를 설명하기도 한다(요엘서 2:23 참조). 이러한 사실들 모두가 예수님께서 이 땅에서 보내신 처음과 나중이 매우 의미 있음을 우리에게 말해 준다. 그렇다고 모든 중간 세월이 의미가 없다는 것은 아니다. 예수님이 이 땅에서 하셨던 모든 일은 물론 의미가 있고 그 분은 놀라운 일을 하셨다. 그러나 그 분의 삶에서 특별히 의미가 있는 부분은 처음과 나중이었다. 그리고 우리는 지금 이 시대의 마지막을 맞고 있는 것이다.

사도행전은 교회시작의 영광스러운 이야기들을 기록하고 있다. 이것은 다른 어느 것과도 비교할 수 없는 놀라운 유산을 우리에게 남겨주었다. 초대교회의 모형은 우리에게 진정한 교회의 모습을 보여주었고 아직 우리의 세대에는 그러한 모형의 교회를 만들어 내고 있지 못하다. 초대교회가 성취하였던 일들은 오늘날 우리의 교회가 따라가기에는 그 목표가 너무 높고 힘든 것처럼 보인다. 이것은 우리가 초대교회에서 보았던 기적의 현상들의 차원을 훨씬 넘은 이야기이다. 우리는 여기서 초대교회가 그들을 박해하는 황제들 앞에서 당당히 서서 용기를 보여주었던 것과 그들의 헌신의 수준과 지혜와 지식, 희생과 수고를 이야기 하고 싶은 것이다. 무엇보다도 가장 중요한 것은 그 시대에는 하나님이 그의 사람들에게 그 자신을 나타내셨다는 것이다.

어떤 교회든지 초대교회가 이룬 일을 오늘도 이룰 수 있다면 그 교회야말로 가장 위대한 교회라고 칭하여도 의심의 여지가 없을 것이다. 그러나 분명한 것은 오늘날의 모든 교회는 초대교회가 하였던 일을 재현하기위해 부름 받았으며, 그 보다 한걸음 더 나아가 더 큰일도 하도록 부름 받았다. 마지막 시대의 교회는 초대교회보다 위대한 사도행전의 경험을 하게 될 것이다.

우리는 지금 마지막 시대를 걸으며 하나님의 놀라운 일을 기대하고 준비하여야 한다. 아직은 우리가 초대교회가 행한것에 많이 못 미치고 있다. 그러나 어느 날 갑자기 모든 것이 놀랍게 변화 되는 것을 보게 될 것이다. 우리는 지금 우리 세대의 회중들 안에 살아있는 교회를 위한 기대감을 일으켜야 한다.

지금 이 놀라운 일이 곧 일어날 시기를 향하여 우리는 접근하고 있다. 그리고 하나님은 하나님의 사람들을 풀어서 이 땅에 그 일을 곧 실행 하실 것이다. 이제 하나님의 이 놀라운 역사에 동참할 사람은 예수 그리스도 안에서 하나님의 이 높은 소명의 표식을 간직한 성도들이다. 그들은 아직 해결되지 않은 하나님의 과업이 꼭 이루어짐을 믿고 자신들을 연단하면서 하나님이 그들을 사용하시기를 믿고 기다리고 있다.

다음 단계

우리가 영적인 사람으로 부름받은 곳으로 도달하기 위해서는 우리에게 분명한 영적 지도가 필요하다. 이 영적인 지도는 우리가 현재 서있는 위치가 어디이며 우리가 어디를 향하여 가야 하는가를 분명히 보여준다. 그리고 어떻게 가야 가장 빠르게 갈 수 있는가도 보여준다. 그런데 바로 이 지도는 성경의 예언서들이며 교회 역사들이다. 내가 이 지도에 교회의 역사를 포함시키는 이유는, 만약 우리가 이전의 교회에 어떤 역사가 일어났는가를 알지 못하면 지금 우리가 어디에 있는지를 알지 못하며, 우리가 앞으로 어디로 가야 할지도 알지 못하게 된다. 내가 전에 출판한 두 책, 「21세기를 위한 예언적 비전」과 「앞으로 다가올 그림자」는 바로 교회로 하여금 앞으로 다가올 일을 보고 예비하게 하기 위하여 쓴 영적인 지도와 같다.

   사람들은 일반적으로 이야기하기를, "우리가 역사를 알지 못하면 우리는 파멸하게 되고 그 파멸은 계속 되풀이 될 것이다."라고 한다. 이것은 우리가 교회사를 보면 매우 맞는 이야기이다. 우리의 교회는 그 발전이 뒷걸음질 쳤고 커다란 영적인 운동들은 일어났다가 소리 없이 사라져 버렸다. 그 이유는 교회들이 계속적으로 같은 실수들을 반복함으로 스스로 타락해 버렸기 때문이다. 이것이 우리가 교회의 역사를 꼭 알아야 한다는 충분한 이유가 될 것이다. 그러나 이것이 가장 중요한 이유는 아니다. 우리가 교회의 역사를 잘 알지 못하면 우리는 성서에 나타난 예언의 지도를 진정으로 이해할 수 없다.

   내가 지난 30년 동안 교회역사를 깊이 공부한 이유는 하나님은 나에게, "네가 교회역사를 알지 못하면 하나님의 예언을 이해할 수 없다."고 하셨기 때문이다. 나는 나무의 가지가 무성해지기 위해서는 그 뿌리가 얼마나 깊이 내려가야 하는지를 알고 있다. 나는 내 자신에게 내가 진정으로 건강하게 자라기를 원한다면 나는 폭풍이 와도 이겨낼 수 있을 만큼 나를 연단해야 한다고 이야기한다. 그래서 나는 나의 영성세계를 더욱 깊이 파 내려갔다. 내가 하나님이 내게 주신 예언의 말씀에 대하여 더욱 깊은 믿음을 갖기위하여 좀 더 깊이 나 자신을 하나님의 말씀과 하나님이 역사하셨던 교회의 역사에 담가야 했다.

당신도 교회 역사를 공부하기 위하여 30년을 보내야 한다고 생각하는가? 아니다. 당신은 이 책에서 단지 몇 시간만 보내면 내가 30년 동안 얻었던 지혜를 갖게 될 것이다.

하나님이 마지막 때를 위하여 예비하신 최상의 포도주를 갖는 길은 책들을 통하여 얻어진다. 예를 들면 최근 뉴욕 타임즈의 베스트셀러 가운데 제임스 카롤이 쓴 「콘스탄틴의 검」이라는 책이 있다. 이 책은 매우 고전적인 책으로 저자는 많은 세월동안 그가 조사한 자료들을 집대성하여 이 책을 만들었다. 그러나 당신이 이 책을 읽으면 저자가 수년 동안에 걸쳐서 모은 지식들을 당신은 단 몇 시간에 얻을 수 있다.

주님은 지금 그의 선택된 백성에게 계시와 계시의 해석의 영을 물 붓듯이 부어 주고 계신다. 그리고 그것은 이미 계시된 성경의 계시와 교회의 역사들과 매우 깊은 상관이 있다. 우리는 단순히 우리가 또 하나의 새로운 사도행전을 쓰고 있다고 이야기하기 보다는 우리에게 나타나는 현상들을 보다 확실하게 증거할 필요가 있다. 우리가 여기서 한 걸음 더 전진하기 위해서는 지금 우리가 어디에 서 있는가 하는 분명한 이해가 있어야 한다. 그때만이 우리의 미래가 가야 할 방향이 더욱 분명해 질 것이다.

우리는 지금 어디에 있나?

우리는 먼저 고린도후서 13:5를 주목해 보아야 한다: "너희가 믿음에 있는가 너희 자신을 시험하고 너희 자신을 확증하라 예수 그리스도께서 너희 안에 계신 줄을 너희가 스스로 알지 못하느냐 그렇지 않으면 너희가 버리운 자니라." 지금은 우리가 우리의 비전을 만들어 낼 때이고 우리 자신과 우리의 일들을 점검해 볼 시기이다. 우리는 이 두 가지를 동시에 해야 할 필요가 있다. 우리는 우리가 가려는 방향을 볼 수 있어야 하지만 동시에 우리가 지금 바른 자리에 서 있는지 정확히 평가해야 한다.

최근 몇 년 동안 많은 영적인 운동이 일어났으며, 그 운동들은 서로 다른 성격을 갖고 있었다. 그러나 그들은 함께 일하면서 앞으로 다가 올 일을 위하여 우리를 준비 시켰다. 그리고 이러한 영적운동은 여러 장소에서 계속 일어날 것이다. 이러한 일을 위하여 준비하는 사람들에게 하나님은 큰 역사를 나타낼 것이다. 이러한 영적운동은 지혜와 겸손을 겸비한 사람을 찾고 있고 그들은 이 운동을 통하여 강력한 하나님의 역사를 경험하게 될 것이다. 그들은 성령으로부터 비전과 통찰력을 얻게 될 것이고 이러한 하나님의 다양한 역사는 사람들에게 일정한 모습과 흔적을 만들며 보다 명확하게 우리에게 나타날 것이다.

이러한 운동에 대하여 말할 때, 나는 브론슨 빌이나 토론토에서 나타난 하나님의 역사를 염두에 두고 있다. 그리고 이러한 운동은 분명히 중요하다. 이러한 일들은 지금 아시아와 남미와 중남미와 아프리카와 동유럽과 남태평양에서도 강하게 일어나고 있다. 성령의 씨앗은 이미 뿌려졌으며, 이 일을 위한 땅의 정지 작업도 끝이 났다. 그리고 하나님의 움직임이 눈에 띄게 진행되고 있으며, 중요하게도 유럽을 향해 이미 스칸디나비아에서 일어나고 있다. 러시아와 터키는 마지막 날에 하나님의 이 커다란 움직임을 경험하게 될 것이다. 이 지역은 성서에서, '앗시리아'라고 부르는 전체의 지역을 지칭하는 것이다. 그리고 이것에 관하여는 이사야 11장과 19자에 이미 예언이 된 것이요, 아직 우리에게는 나타나지 않고 있다.

강렬한 부흥의 불길이 현상유지에만 급급하며 잠자고 있던 교회들에게 파도처럼 밀려들고 있다. 이 불길은 교회에 잠재해 있던 석탄을 태우며 강렬하게 타오르고 있다. 이제 초대교회에 나타났던 하나님의 움직임이 서로 다른 지역에서 힘차게 일어나고 있다. 이제 이 땅에서 하나님께서 역사하시는 일에 주류의 흐름을 위하여 우리는 좀 더 나라와 나라를 다니며, 교단의 장벽을 무너뜨리며 성령의 바람을 일으켜야 한다. 이제 이 강력한 성령의 흐름에서 소외된 교회와 성도는 하나님의 생명의 강으로부터 멀어질 것이며 하나님의 전진의 발자국을 듣지 못하며 그 대열에 참여하지 못 할 것이다.

교회사를 공부함으로 우리는 우리의 영적인 아버지들과 어머니들을 존경하게 될 것이며, 오순절 이후부터 교회에 형성된 그리스도의 신실한 몸에 복종하게 될 것이다. 교회사를 겸허한 마음으로 접하고 교회에 역사하시는 하나님의 성령의 움직임을 경험하게 되면, 우리 시대에도 역사하시는 그리스도의 몸 된 교회에 신실하게 복종하게 될 것이다. 하나님이 은혜로 우리에게 주신 겸손은 우리로 하여금 겸허하게 다른 사람으로부터 가르침을 받게 할 것이다. 이것이 바로 우리가 어린아이와 같이 되어야 천국에 갈수 있다는 말을 이해하게 한다. 어린아이는 항상 배우는 것을 즐겨하며 늘 자신은 부족하다고 생각한다. 어린아이가 된다는 것은 미성숙하거나 어리석은 사람이 된다는 것을 의미하지 않고 어린아이처럼 배우려고 하고 호기심이 많아진다는 것을 의미한다.

만약 예수님과 세례요한과 사도바울이 우리 시대에 살고 있고, 그들이 1000마일이 떨어진 도시를 방문한다는 이야기를 들었으나, 우리가 그분들을 만나러 가지 않는다면 우리는 가장 어리석은 사람이 될 것이다. 주님은 우리에게 말씀하시기를 그의 사람가운데 지극히 작은 사람을 영접하면 그것이 바로 주님을 영접한 것이라고 했다. 사도바울은 갈라디아 교인들에게 그를 영접하기를 마치 하늘에서 온 천사를 영접하듯이 하라고 했다. 여기서 내가 강조하는 것은 하나님의 움직임은 진정 하나님이 직접 일하시고 계심을 의미한다. 당신의 마음이 가난하고 겸손한가? 하나님이 지금 일하고 계신 곳을 찾아가라. 그리하면 당신은 그곳에서 하나님의 은혜가 넘치는 것을 발견할 것이다.

영적인 델타 포스

지난 몇 년 동안 나는 매우 특별한 비전들을 보아왔다. 그리고 아직도 세계 각국에는 영적전쟁에 대비하여 준비하고 있는 영적군대가 있다. 이러한 영적군사는 내가 보아온 어떤 하나님의 증인보다 그들의 목적을 위하여 강력한 영적 전투능력을 가지고 있다. 사실, 내가 그들을 생각 할 때마다 내 마음에 강하게 떠오르는 것은 그들은 분명히 그들이 누구인지를 알고 어디로 전진해 가야 할지를 알고 있다. 그들은 그들이 가진 진리를 세상과 타협하지 않으며 그 진리와 성실을 위하여 온 몸을 다하여 희생한다. 그들은 자신의 행동에 대하여 매우 엄격한 경향이 있지만, 하나님과 그의 백성에 대하여는 그들의 진실한 사랑의 표현을 드리려고 최선을 다한다. 당신이 그들 주위에 있으면 당신은 가식된 사랑은 전혀 느끼지 못할 것이다. 그들의 사랑은 너무 강렬하고 헌신적이어서 하나님의 한 마리의 양을 위해서라도 그의 삶을 던져 불태울 각오가 되어있다. 그들은 그들의 훈련을 통하여 확고한 믿음을 가졌으며, 그들은 사람을 소중이 여기고 모든 사람을 그의 위로 모시는 겸손을 갖고 있다.

그들은 가장 초자연적인 사람들이 될 것이다. 그리고 이들은, '하나님의 능력의 전달자' 라고 불릴 것이다. 그들은 성령의 불을 지피는 석탄이라고 칭함을 받을 것이며, 사람들은 그들은 하늘 보좌에서 이곳에 내려와 하나님의 놀라운 일 즉 교회를 새롭게 살리고 부흥시키는 일을 돕고 담당하는 자라고 불리움을 받을 것이다.

이들 능력의 사자들은 지금 우리와 같이 살고 있다. 그리고 세계 방방곡곡에 흩어져 있다. 그러나 그들은 많은 숫자가 아니기 때문에 찾기가 매우 힘들다. 그런데 이제 그들이 함께 모이기 시작한다. 이 그룹가운데 두 그룹은 예외가 있다. 많은 사람들이 마지막 날의 극심한 박해를 견디지 못할 것이다. 그래서 사람들은 도망가려고 하거나 이미 도망을 갔다. 누가복음 7:31-37에 이야기한 현재의 우리의 생활상을 여기에 소개하겠다.

> 또 가라사대 이 세대의 사람을 무엇으로 비유할꼬 무엇과 같은고』 비유컨대 아이들이 장터에 앉아 서로 불러 가로되 우리가 너희를 향하여 피리를 불어도 너희가 춤추지 않고 우리가 애곡을 하여도 너희가 울지 아니하였다 함과 같도다 세례 요한이 와서 떡도 먹지 아니하며 포도주도 마시지 아니하매 너희 말이 귀신이 들렸다 하더니』 인자는 와서 먹고 마시매 너희 말이 보라 먹기를 탐하고 포도주를 즐기는 사람이요 세리와 죄인의 친구로다 하니 지혜는 자기의 모든 자녀로 인하여 옳다 함을 얻느니라

이 말씀에서처럼 영적군사들이 오늘날의 교회 구조에서 자신들을 맞추어 가기위하여 지금 매우 어려운 시기를 겪고 있다. 그들은 지금 전혀

다른 드럼소리와 군가에 발을 맞추어 행군하고 있다. 이제 적군은 그들을 공격하여 박해하고 죽이려 할 것이다. 사탄은 이러한 공격이 영적군사들을 무장해제 시키고 무력화시키는 방법임을 알고 있다. 영적인 군사들이 이 사탄의 공격에 대항하여 싸운다 할지라도 가장 큰 문제는 이 사탄의 공격이 아니라 오늘날의 전통교회에서 그들의 사역을 펼쳐나갈 장이 마련되지 않았다는 것이다. 이것 때문에 주님은 지금 이 영적 군사들을 위하여 자리를 마련하고 계신다. 그리고 이러한 영적군사로 부름 받은 사람들을 서로 연결시키시며 함께 일하게 하신다. 이것이 하나님의, '특별 영적 전투지시'이다. 만약 우리가 그들을 이해한다면 많은 불필요한 문제들이 교회 안에서 제거될 것이다. 그리고 모든 교회는 이 영적군사들의 사역을 통하여 큰 이익을 얻게 될 것이다.

우리의 영적군사들이 부여받은 매우 중요한 사명가운데 하나는 하나님의 특별한 작전과 전술을 가지고 다른 나라의 영적군사들을 훈련시키는 것이다. 이제 이 영적인 특별부대는 세계 곳곳에 파송되어 그곳 기독교 지도자들을 훈련시켜서 다가올 날에 일어설 하나님의 강력한 영적군사를 만들 것이다. 그들은 진정한 사도들이고, 예언자들이고, 전도자들이고, 목사들이고, 선생들이다. 이들은 에베소서 4장에 나오는 하나님의 사역을 위하여 거룩한 무장을 한 영적 군사가 될 것이다. 그리고 그들도 또한 전 세계로 보내져 마지막 시대에 주님의 사역을 대신할 사람들을 찾아 훈련시킬 것이다. 그들이 사람들을 거룩한 영적군사로 만들 수 있는 능력은 그들이 부름받은 하나님의 소명을 완성케도 하지만 동시에 하나님의 능력을 행사하여 교회를 놀랍게 변화시킬 것이다.

하나님의 능력과 예언의 말씀이 어린아이들에게 열려있다.

나는 우리 시대에 강력한 예언의 말씀이 대부분 어린아이들에게 열려 있다는 것을 알고 있다. 그리고 그중 가장 나이가 많은 경우는 그들이 20대정도의 나이가 되어있는 경우도 있다. 그러나 대부분이 어린아이이고 그중에 얼마는 이제 막 태어나고 있다. 이것은 나에게 그들의 사역은 이제 막 열리기 시작하였으며 앞으로의 수 십년 내에 더욱 활짝 열린 것이란 확신이 들게 한다. 우리가 이제 이 새로운 시대에 매우 가까이 접근하고 있다는 것은 사실이다. 그러나 그 날들이 아직도 몇 십 년은 남았다는 것도 사실이다. 그러므로 우리는 다가올 미래의 계획을 세워 비전을 가지고 준비해야한다. 결코 회피하거나 도망가서는 안된다.

우리에게는 우리의 앞 세대로부터 내려온 여호수아와 갈렙이 있다. 이스라엘 백성이 첫 번째 약속의 땅으로 진입이 실패하였을 때 여호수아와 갈렙은 그들의 세대를 비난하지 않았다. 그 대신 약속의 땅으로 진입을 위하여 즉시 사람들을 준비시켰다. 이와 마찬가지로 우리의 세대는 이 놀라운 영적사역에 직접 들어가는 것이 아니라, 다음세대에 이 영적사역이 일어나도록 다음세대의 주인공들을 도와주고 훈련시켜야한다. 그리고 이 세대가 다가오는 세대를 준비하도록 이들을 이끌고 인도하여야 한다.

이 다가올 세대를 이끌기 위하여 부름 받은 사람 중에는 지금 나이가 많은 사람도 있다. 그러나 하나님이 그들을 새롭게 할 것이다. 그리고 하나님은 그들에게 강력한 기름부음을 내려 주셔서 교회를 새롭게 하는 일을 돕게 할 것이다. 그리스도의 신부인 교회는 아무런 흠이 없는 순수성을 회복할 것이며, 주름살이 없는 가장 젊고 아름다운 청년의 신부가 될 것이다(에베소서 5:27 참조). 이 젊음의 기름부음이 초자연적인 방법으로 교회에 임하게 될 것이다. 나이 드신 분은 더욱 젊어질 것이요, 심지어 그들의 육체까지도 인간의 몸을 창조하신 하나님의 능력으로 젊어질 것이다. 주님의 단 한 번의 만지심으로 우리는 새롭게 살아날 것이요, 신선한 올리브 오일을 뿌린 것처럼 삶에 탄력이 나타날 것이다. 그리고 우리의 힘과 능력이 우리 안에서 새롭게 솟아날 것이다.

내가 환상 속에서 이러한 일을 행하였던 사람들은 젊은 세대였다. 이 젊은 세대들은 그들의 행동이 거칠고 과격했지만 그들은 일을 단독으로 처리하지 않고 서로 돕고 협조하면서 처리해 나갔다. 그리고 그들에게 문제가 발생하고 풀어야할 어려운 문제에 봉착하면 서두르지 않고 기다리고 양보하면서 서로 다시 재편성하면서 문제를 풀어나갔다. 이환상이 우리에게서 현실로 나타나려면 우리는 내가 누구이며 무엇을 하고 있으며 왜 하고 있는가하는 영적 자기 성찰이 꼭 있어야만 한다.

현재 우리의 세대에 여호수아와 갈렙이 있다고 할지라도 구약시대의 여호수아와 갈렙 같은 사람을 찾기는 백만분의 일처럼 힘든 일 일것이다. 그렇지만 현재 우리의 교회를 이끌고 가고 있는 지도자들 중에도 이러한 여호수아와 갈렙 같은 사람이 있음은 사실이다. 마치 세례요한처럼 그들은 다가올 새로운 예수님의 시대를 예비하고 있다. 그들은 다가올 세대에 대하여 예언할 것이다. 그러나 실제로 그들도 그 예언의 실체에 대하여는 온전히 이해하고 있지 못하다. 대체로 현재 많은 교회의 지도자들은 그들의 직임을 잘하고 있다.

다시 말해서 현세대의 지도자들이 다가올 세대를 위하여 하나님의 사역을 준비하고 그 일을 이루어지기를 위해 자신들을 헌신해야하는 것은 마치 다윗이 솔로몬이 성전건축을 잘 하도록 물품들을 성실히 준비하는 것과 같다. 우리 교회의 청소년과 어린이 목회는 이런 의미에서 앞으로 하나님의 커다란 물결을 준비하기 위한 심장과 같다. 그리고 모든 성도들은 이 놀라운 청소년과 어린이 사역을 위하여 할 수 있는 최선을 다하여야 한다.

내가 본 환상 중에 특이한 것은 8살에서 10살 된 여자아이들이 용기와 인내와 지혜로 무장하여 사탄을 대적하여 싸우는 모습이었다. 이 어린아이들에게는 인형을 가지고 놀 여유가 없었다. 그리고 그것을 원하지도 않았다. 이 아이들은 하나님의 목적인 영혼의 구원을 위하여 싸우고 있었고 매일 수많은 영혼을 구하였고 그들에게 힘을 부어넣고 있었다. 그들이 하는 모든 일은 하나님의 복음의 전파에 집중되어 있었다. 나는 환상 중에 어린소년들을 보았는데 그들은 병정놀이를 하고 있지 않았다. 그 이유는 지금 그들은 실제로 전투를 하고 있기 때문이다. 그들은 전사였고 동갑내기 또래보다 지혜로왔다. 이들이 직면하고 있는 심각한 문제가 있다면 그들이 무력화되어 가는 것이었다. 어떻든지 간에 평화와 기쁨이 이 어린이들 위에 임하여 있었다. 이러한 어린이들이 바로 진정한 하나님의 능력의 표징이며 무기이다.

이름도 없고 얼굴도 없는 사람들

나는 여러 번 폴 케인을 통하여 '이름 없고 얼굴없는 사람'들을 모아서 하나님의 일을 하게 하라는 비전이 임했다는 말을 들은 적이 있다. 그는 하나님이 커다란 축구장에 복음을 듣게 하려고 사람들을 가득 채우시는 환상을 보았고, 그곳에서 사람들은 누군지도 모르는 하나님의 사역자들을 통하여 병이 치유되고 죽은 자가 살아나는 역사를 경험하게 되는 환상을 보았다고 했다. 이것은 진실하고 확실한 검증된 비전이다. 나는 내가 폴을 만나기 전에 이러한 현상이 일어나는 모임을 본적이 있다. 그리고 그러한 비전에 대하여 나의 책 「추수」에서 언급한 바 있다. 최근에 나는 이러한 비전을 계속해서 보아왔다. 그리고 그 때마다 그 비전은 모이는 사람들의 모습을 점점 더 분명하게 보여주었다. 나는 그 놀라운 사역을 하는 팀을, '영적인 델타포스(영적전쟁 특수팀)' 라고 부르기로 했다. 왜냐하면 그들은 미국의 공군기 처럼 수많은 영적 능력 전사들이 두 줄로 서서 사탄과의 대전을 준비하고 있기 때문이다.

미국정부는 정식으로 델타포스의 존재에 대하여 이야기하지 않는다. 그러나 대부분의 사람들은 그것이 존재하고 있음을 안다. 이처럼 교회에서도 극히 소수이지만 이러한 영적인 델타포스가 있음을 안다. 델타포스는 군대에서 정예부대 가운데서도 특별히 선발된 정예부대이다. 그리고 그들은 세계각처에서 가장 중요한 전투에 은밀히 투여되는 최상의 군대이다. 그들은 그들의 작업과 능력이 세상에 알려지기를 원하지 않는다. 그리고 세상이 그들을 인정해주기도 바라지 않는다. 왜 일까? 그것은 그들의 존재가 세상에 알려지는 순간 더 이상 그들의 임무를 효과적으로 수행할 수 없기 때문이다. 주님은 이처럼 마지막 날에 교회에서 그의 특별한 임무를 수행할 영적 전사들을 일으켜 세우실 것이다. 그들은 마치 세상의 델타포스와 같다. 그들은 단 하나 하나님의 영광을 위하여 살며, 그 영광을 위하여 목숨도 버릴 각오가 되있다. 그러나 그들은 자신의 이름이 세상에 알려지지 않기를 원한다. 오직 그들 안에서 주님만 나타나고 그 분만 영광받기를 원한다.

우리의 거대한 적 - 질투

'엘리트'란 단어가 많은 기독교인들에게는 매우 다소 공격적으로 들릴 것이다. 그러나 사람을 초청하여 훈련을 시키고 자격을 갖추게 하여 신앙의 전투자로 만드는 것은 매우 중요한 교회의 사명이다. 그리고 우리는 이들을 영적 엘리트라고 부를 수 있다. 지금 이 땅에는 실제로 이러한 일이 일어나고 있다. 우리 주변에 이러한 자랑스러운 영적인 엘리트 그룹이 있음에도 우리는 이런 영적 엘리트라는 단어를 쓰기를 꺼려한다. 그렇지만 하나님은 항상 많은 사람들 중에서 특별한 몇을 택하여 하나님의 목적을 위하여 시간을 두고 그들을 훈련시킨다. 그리고 때가차면 그들을 들어 올려 쓰신다. 그러나 오늘날 우리가 우리의 주변을 보면 우리는 우리의 목적 달성을 위하여 우리자신을 준비한다. 그러나 이제는 우리가 하나님을 위하여 하나님의 방법으로 준비해야 할 때이다. 특별히 우리는 리더십을 키우는 일에 주님의 방법을 따라야 한다.

델타포스의 탄생과 성장 그리고 전투배치의 이야기는 미국 군대이야기 가운데 가장 흥미 있는 이야기이다. 거기에는 인내가 있고 집중이 있고 작은 집단의 모임에 대한 예언적 비전이 있다. 그리고 델타포스 이야기는 그리스도의 몸을 이루는 교회에 무엇이 일어나야 하는가 하는 예언적 계시가 담겨있다.

이 획일적이고 적은 규모이지만 강력한 힘을 가진 전투부대의 창시자들은 앞으로 십 년 안에 테러주의자들과의 큰 전투가 있을 것이라고 예언하며 이 델타포스는 그 때를 준비하는 작업이라고 했다. 그리고 십년이 지난 지금 우리는 테러분자들의 공격을 당하고 있다. 그들은 그때 우리 나라는 테러분자들에 대항할 강력한 힘을 축척해야 한다고 주장했지만 지난 몇 년 동안 그들의 주장에 귀를 기울이는 사람들은 극소수에 불과했다. 그들은 그들의 친구 군관들로부터 계속적인 저항을 받았으며 미국 군대의 비정규군대로부터도 심한 공격을 받았다. 그럼에도 그들은 특수부대원의 모집과 훈련을 유보하지 않았다. 그리고 그들의 작전은 은밀히 진행되었다. 그들의 예상처럼 테러범들이 나타나기 시작한 지금, 그들은 이 테러와의 전쟁에 선봉에 서있으며, 그 부대원들의 대부분은 그들이 무슨 훈련을 왜 받는지도 모르고 있었다. 이렇게 자신들을 숨기는 것이 그들이 지향하는 방법이었다. 그들은 그들의 전투를 사람들에게 알리거나 명예를 얻기 위하여 하지 않았다. 단지 나라를 지키고자하는 순수한 마음에서 이 일에 동참했다.

델타포스를 운영할 때 많은 다른 부대들이 반대했던 주 원인은 시기와 질투였다. 이미 미국에는 에어 본이라든가 레인저스라는 엘리트의 특수부대가 있었다. 그들도 나라를 위하여 목숨을 걸고 희생하면서 아무런 대가를 바라지 않았다. 그 이유는 그들은 나라를 위하여 이 일을 감당하는 것이지 명성이나 지위를 높이기 위하여 일한 것이 아니었기 때문이다. 그렇지만 그들도 델타포스의 비밀 부대가 만들어 질 때 반대를 했다. 그 이유는 이 새 부대가 그들보다 더 힘 있는 엘리트 부대가 되는 것을 시기했기 때문이다.

델타포스가 살아남기 위하여 싸워야 할 가장 큰 적은 바로 미국 군대

내부에 있었다. 델타포스가 살아남는데는 한 연대장의 미래를 준비하는 거대한 꿈과 그 꿈을 지원하였던 몇몇의 장군들의 공이 컸다. 이와 같은 일이 영적인 특수부대를 만들려고 하는 교회의 지도자들에게도 일어나고 있다. 그들은 앞으로 다가올 커다란 영적 전쟁을 준비하려고 일어나고 있다. 그러나 이러한 영적 투사들이 직면하고 있는 어려움은 교회 안에 그들을 시기하는 세력들의 거센 저항과 반발이다.

이러한 현상은 전혀 새로운 것은 아니다. 우리가 성경을 보면 알겠지만 심지어 예수님도 종교지도자의 질투 때문에 십자가에 달리셨다(마태복음 27:18, 마가복음 15:10 참조). 우리는 교회 안에 숨어있는 시기와 질투의 영이 계속적으로 거룩한 하나님의 영적세계를 파괴하고 있음을 깨달아야 한다. 이 질투의 영은 진정한 하나님의 권위에 도전할 것이며, 교회 안에서 일어나는 진정한 사도적 운동을 방해하는 가장 강력한 악의 요새가 될 것을 깨달아야 한다.

엘리트란 단어에 대하여 혐오감을 갖고 있는 사람들은 마지막 시대에 하나님의 목회를 준비하는 사역자들에게 가장 큰 방해자가 될 것이다. 이 문제를 해결할 수 있는 방법은 훈련밖에 없다. 기독교 영적세계의 갱신을 위하여 만들어지는 이 영적 특수부대는 기존 교회의 안일한 모습과는 전혀 다른 모습으로 일어날 것이다. 그들은 일반 기준보다는 더 높은 영적 수준을 유지할 것을 요청 받을 것이며, 그것이 성취될 때 보다 더 높은 수준에 오르기를 권면 받을 것이다. 이제 그들이 훈련 기간을 지난 후 세상에 나가 한사람이 천 사람을 대적할 것이요, 두 사람은 만 사람을 대적하여 싸울 것이다.

그때에 많은 사람들이 그들을 시기하고 질투하여 그들을 끌어 내리려고 할 것이다. 그러나 또 다른 많은 무리는 이 열성적인 영적투사들의 헌신에 마음에 찔림을 받아 깊은 잠과 미지근한 태도에서 깨어날 것이다. 이들의 전투로 교회는 갱신될 것이고, 영적인 혼미에서 새 길을 찾게 될 것이다. 그리고 교회에 대한 하나님의 본래의 소망인 성도들을 훈련시키며 강력한 힘을 세상에 발휘하는 교회로 변신 할 것이다.

당신의 서 있는 자리를 알아라

델타포스가 다른 커다란 세력과 싸울 때 자체의 힘만으로는 이길 수 없었고 미국군대의 전체적 협조가 이루어 질 때만이 이길 수 있었다. 이와 마찬가지로 교회도 마지막 시대에 선별된 몇 몇의 영적 엘리트만으로 영적전투를 승리할 수 없다. 훈련된 델타포스의 전술이 일반적인 전쟁터에서 유효하지 않을 수도 있다. 이와 마찬가지로 다가오는 세대를 위하여 영적으로 훈련된 '능력의 사도'들이 일반적 교회 안에서 잘 받아들여지지 않을 수도 있다. 그리고 많은 영적 전쟁터에서 힘겹게 싸워야 할지도 모른다. 그렇지만 대부분 자고 있는 오늘의 교회에 이 거대한 힘은 그들에게 자극을 주고 깨어나게 할 것이다. 그리고 극소수의 기독교인들이 바로 이 사명을 위하여 부름 받았다.

그렇다면 대부분의 성도들은 낮은 수준의 영적전쟁에 투입된다는 말인가? 아니다. 그것은 전혀 다른 차원의 일이다. 많은 영적인 금자탑을 쌓은 영적 거성들은 개체교회의 영적전쟁의 최선봉에 서서 매일 사탄과 싸워 이김을 통하여 그의 영적 능력을 키워나갔다. 그들은 맹공격하는 사탄들을 교회의 첫 방어망에 서서 용기를 가지고 대적했다. 그리고 사탄이 물러나면 그들이 이루었던 공적을 나타내어 영웅이 되려하지 않고 모든 공은 하나님께 드리며 아무런 흔적도 없이 뒤로 물러섰다. 군대 역사상 나타난 많은 군대의 영웅들은 군인들에게 영향을 주거나 사람들이 그들을 필요로 할 때 담대히 일어나 목숨을 걸고, 마치 사자와 같이 싸워주었다. 마지막 날에 거대한 영적 지도자들과 믿음의 영웅들 중 일부는 우리가 예상하지 못한 곳에서 일어나게 될 것이다.

교회는 하나님이 택하신, '엘리트 군대'가 미래를 예비하고 있음을 이해해야 한다. 그리고 우리는 그들이 우리와 어떤 관계가 있는가를 알 필요가 있다. 나는 영적투사나 영적 엘리트라는 단어를 사용하는 것에 대하여 여러분에게 죄송하게 생각한다. 영적 엘리트가 아닌 다른 정확한 단어를 찾을 수가 없다. 그러나 이러한 영적 엘리트 군사들이 일어나고 있음을 의심하지 않는다. 그들은 전투에서 완벽한 승리는 거두지 못할 것이다. 그러나 그 전투에서 많은 것들을 우리에게 알려 줄 것이다. 그들이 어떠한 전투를 치루는 지를 많은 사람이 알지 못 할 것이다. 그리고 그 전투가 어디에서 치러지는 지도 모를 것이다. 그러나 그것이 이 영적전사에게는 큰 관심의 대상이 아니다. 그들은 누가 그들을 알아주라고 이 전투를 치룬 것이 아니기 때문이다.

우리가 분명히 마음에 새겨놓아야 할 사실은 큰 군대와 군함과 비행대대를 이끄는 장군도 중요하지만, 소규모의 특수부대를 이끄는 소대장도 매우 중요하다는 것이다. 우리는 이들 모두가 필요하다. 우리의 곁에 있는 모두가 소중하다. 그리고 우리의 주위가 안전하게 보호되는 것도 필요하다.

미국 군대의 특별 전투팀이 더욱 헌신적으로 봉사하여 전체군인의 수

준을 한 단계 높게 끌어 올리듯이, 영적 특수부대는 미지근하고 긴장과 도전이 없는 일반적인 성도들에게 새롭게 일으키는 도전을 줄 것이다.

하나님나라에도 지위가 있을까?

민주주의는 하나님이 인간에게 주신 큰 선물이다. 타락한 인간에게 이것은 가장 최선이며 안전한 통치기구이다. 이 땅에서의 자유는 민주주의를 통하여 우리에게 주어졌으며, 민주주의는 오실 하나님의 나라를 예비하게 한다. 그 이유에 대하여 바울은 고린도후서 3:17에서, **"하나님의 영이 있는 곳에 자유함이 있다"**고 했다. 그러나 하나님의 나라는 민주주가 아니며, 그리고 결코 그렇게 되지 않을 것이다.

성경에는 이것에 대하여 분명히 이야기 하고 있다. 천국에는 귀족과 같은 높은 지위가 있다. 그것은 이 땅에서 신실하게 신앙생활을 해온 사람들에 대하여 주어지는 상급이다. 그리고 천국에서 주어지는 상급은 대부분 그곳에서의 우리의 처할 위치에 관한 것이다. 천국에서는 우리가 모두 한 계층이 아닐 것이다. 성경의 말씀들은 이것에 대하여 여러 번 이야기 하고 있다. 그 천국에서의 자리는 누구는 하나님 오른편에 앉을 것이고 누구는 왼편에 앉을 것인가 하는 구체적인 위치에 대하여도 이야기 하고 있다. 그러나 이러한 위치는 우리가 이 땅에서 어떻게 살았는가에 따라서 정하여진다.

이러한 천국에서의 순위와 위치에 대하여 사도바울은 빌립보서 3:13-14에서 아래와 같이 이야기 하고 있다.

> 형제들아 나는 아직 내가 잡은 줄로 여기지 아니하고 오직 한 일 즉 뒤에 있는 것은 잊어버리고 앞에 있는 것을 잡으려고 푯대를 향하여 그리스도 예수 안에서 하나님이 위에서 부르신 부름의 상을 위하여 좇아가노라 (빌 3:13-14)

바울은 여기에서 구원에 관하여 이야기하지 않았다. 그것은 그가 예수님을 만나 처음으로 십자가의 구원의 공로를 믿는 순간 그는 구속을 받았기 때문이다. 여기서 그의 관심은 위에서 주시는 부르심의 상급과 하나님의 부르심이다. 바울은 우리가 구원을 받은 후 우리가 하나님께 구해야 할 것이 많다는 것을 알았다. 그리고 이 부르심의 상급이 그로 하여금 계속적으로 하나님께 헌신하도록 동기를 부여하였다.

누구든지 하나님의 거룩한 부르심의 상급을 받기를 소망하는 사람은 상을 타기위하여 경기장에서 달리는 선수처럼 나란히 서서 뛰게 될 것이다. 이 땅에서 우리가 그리스도 안에서 하나님의 상급을 받기위하여 노력하는 그 노력보다 더 값진 노력은 없을 것이다. 이러한 하늘의 상급을 사모하는 사람들에게 가장 큰 소망은 마지막 날 주님으로부터, "잘하였도다, 착하고 충성된 종아…"(마태복음 25:21)라는 음성을 듣는 것이다. 사실, 하나님으로부터 칭찬을 받으려는 사람이 하나님의 나라를 위하여 그의 삶을 온전히 불태우지 않으면 그는 많은 어려움에 봉착하게 되며, 큰 혼란에 빠지게 될 것이다. 하나님을 신실하게 따르려는 사람은 하나님의 뜻을 읽으며 그의 뜻을 따라 살며 행동해야 한다.

하나님의 선한 싸움의 경주자로 부름 받은 우리가 이 경주에서 이기기 위하여는 현재 우리가 처하고 있는 위치에서 한걸음 더 앞서 나가야 한다. 이것은 역설적으로 보일 수 있지만 사실이다. 우리가 경주에 이기기 위하여는 우리는 자신의 야망을 비워 그곳을 하나님의 사랑으로 채워야 한다. 그리고 우리는 십자가를 따라가야 한다. 우리가 추구해야 할 것은 오직 그의 영광과 그의 유익을 위함이다. 그리고 우리가 얻게 될 위치와 상을 절대 염두에 두면 안된다. 경기에서 이기기 위해서 우리는 우리 주위의 사람들과의 사랑의 관계가 증진되어야 한다. 또한 우리는 의도적으로 우리의 권한을 그들에게 양보해야한다. 우리가 우리 자신의 삶과 이익만 추구하게 되면 우리는 잃을 것이요, 우리가 의도적으로 우리의 삶을 하나님과 그의 나라를 위하여 버리면 우리는 얻게 될 것이다. 하나님 나라에서 가장 높은 위치에 앉기 위하여는 이 땅에서 가장 낮은 자리에 내려가야 한다.

미공군 특수부대인 델타포스의 특징은 그들에게는 어떤 규정문서나 군대에서의 위치등이 부여되지 않는다는 것이다. 그들은 상관에게 절하지 않으며 심지어는 가장 낮은 계급의 군인이 상관을 그냥 존칭없이 이름만 부른다. 어떻게 최상의 엘리트 정예부대에 군대의 기본적인 상하관계가 없단 말인가? 그러나 당신이 진정으로 최고의 위치에 있을 때 당신은 당신의 위치와 직함에 전혀 개의치 않을 것이다.

이와 같이 하나님 나라에서 이미 높은 위치가 보장되어 있는 사람은 이 땅에서의 위치에 연연하지 않는다. 이것이 바로 사도바울이 그의 삶의 마지막이 가까이 다가온 순간, 보다 높은 하나님의 부르심을 찾아 뒤에 있는 이 세상의 일들을 잊고 앞만 보고 힘차게 전진한 이유이다. (빌 3:13-4) "**형제들아 나는 아직 내가 잡은 줄로 여기지 아니하고 오직 한 일 즉 뒤에 있는 것은 잊어버리고 앞에 있는 것을 잡으려고 푯대를 향하여 그리스도 예수 안에서 하나님이 위에서 부르신 부름의 상을 위하여 좇아가노라"

　물론 델타포스부대가 군대의 일반 준수조항을 지키지 않는 하나의 이유가 그들이 일반 군대에 소속되었다는 생각을 갖지 않기 위해서이다. 그리고 그들은 상관에게 극 존칭어를 사용하기를 원하지 않았다. 그 이유는 그 존칭어가 사람을 하나로 만드는데 거리감을 만들기 때문이다. 만약 델타포스에 있는 한 하사관이 어떤 작전에 꼭 필요한 영역에서 매우 깊고 넓은 경험이 있으면 이 하사관이 전 부대를 대신 하여 그 작전을 실제로 이끌고 나가며 연대장도 그의 지휘를 따른다.

　이와 같이 위대한 사도들이나, 선지자들도 그들의 위치와 권한이 신분의 외적인 타이틀에 의하여 좌우되지 않는다. 사실, 그들은 그들 자신에 의하여 알려지는 것을 원하지 않는다. 그들은 인정받기 위하여 일하지 않는다. 그들은 의도적으로 '잘 알려지지 않음'이 그들의 사역에 중심이 되게 한다. 그렇지만 하나님은 그들을 택하여 그의 놀라운 기적을 세상에 나타낸다. 그러나 그들이 사람들을 운동장에 가득 채우고 수 많은 사람들을 구원에 이르게 할 지라도, 사람들이 그가 누구인지 확인하려고 하면 그들은 아무도 모르게 사라져 버린다. 그들은 하나님에게만 인정을 받았으면 그것으로 만족한다. 그리고 그들은 자신들을 단순히 하나님의 뜻을 행하는 사람으로만 남기를 원한다. 그들은 그들의 상급이 지상이 아닌 하늘에서만 있으면 그것으로 만족한다.

군대는 규율을 필요로 한다.

　만약 정규군이 델타포스 특수부대처럼 운영하려고 하면 그 조직은 필요 없는 폭도들의 모임으로 변하여 금방 무너져 버릴 것이다. 그리고 무력해서 조금만 훈련을 받은 소규모의 부대의 공격에도 아무런 저항 없이 굴복해 버릴 것이다. 이처럼 우리의 교회 안에 사도라든가, 선지자라든가, 감독이라든가 하는 직함이 너무 과도하게 사용되거나 어떤 때는 너무 값싸게 이용되는 경우도 있지만, 우리는 아직도 그들이 필요하다. 교회 안에는 권위의 직위가 있으며 만약 우리가 그들로부터 영적인 도움을 받고자 하면 우리는 그 권위를 반드시 인정하고 순종하여야 한다.

우리가 마태복음 10:41을 읽어보면, **"선지자의 이름으로 선지자를 영접하는 자는 선지자의 상을 받을 것이요 의인의 이름으로 의인을 영접하는 자는 의인의 상을 받을 것이요"**라고 기록되어 있다. 이 말씀은 우리의 모든 목회에 적용되는 진리이다. 우리가 사도의 이름으로 사도를 영접하면 사도의 상을 받을 것이다. 만약 우리가 사도를 교사처럼 영접하면 우리는 교사로 대접받을 것이요 그 때문에 우리가 받을 사도의 상을 놓치게 된다.

이러한 이유 때문에 교회에서 영적 권위가 있는 사람들의 권위와 능력을 인정해 주는 것은 너무도 당연한 일이다. 어떻든지 간에 분명한 것은 사람들이 진정한 영적인 진리 속에 깊이 들어가면 들어 갈수록, 그들은 사람들에 의하여 인정받는 것에 대하여 점점 더 관심을 갖지 않게 된다. 만약 사람들이 인정받기를 원하면 원할수록 그들은 가장 낮은 자로 떨어질 것이요, 낮은 자의 비굴한 모습은 쉽게 사탄을 받아들이게 된다. 계시록 2:20에 보면 거짓 선지자 이세벨의 이야기가 나온다. 이 본문에서 이세벨은 자신을, **"선지자"**(계시록 2:20)라고 부른다.

우리는 자신을 사도라고 부르는 사람이 진짜 사도인지 구별하는 법을 배워야하며, 자신을 예언자라고 부르는 자가 정말로 예언자인지 분별하여야 한다.

요약

나는 가끔 내가 '엘리트 기독교인'을 만든다는 이유 때문에 공격을 받는다. 나는 이점에 대하여 정확히 이야기하고 싶다. 그러나 나는 이러한 영적 군대의 출현에 대한 비전을 보게되면 될수록, 이 영적 군대에 전념을 다하여 봉사하고 싶다는 열망이 강하게 일어난다. 그렇지만 나 자신이 이 영적 전투부대의 리더가 되기를 원하지 않는다. 나는 단순히 그들이 이 일을 잘 할 수 있도록 돕는 사람이 되고 싶다. 왜냐하면 나는 환상을 통해 영적전사들 자신이 그 일들을 잘 수행하고 있는 비전을 보았기 때문이다.

백위즈 연대장은 미국 델타포스 특수부대 창설을 꿈꾸었을 때 그는 이 일을 혼자 진행시키지 않고 다른 특수부대와 연관이 없는 몇 명의 장군들과 의논하였다. 그 장군들은 미국의 장래를 바라보면서 델타포스의 중요성을 이해했다. 그리고 그들은 이 부대의 창설을 위하여 그들이 할 수 있는 모든 일을 했다. 나도 이 땅의 영적전사들의 탄생을 위하여 이들 장군들과 같은 역할을 하고 싶다. 나는 마지막 시대의 거대한 영적 전쟁을 예감하면서 이 영적 특수부대의 필요성을 절감하는 많은 영적 지도자의 한 사람이 되고 싶다. 그리고 영적 특수부대의 탄생을 위하여 내가 할 수 있는 모든 일을 하고 싶다. 나는 모닝스타(릭 조이너가 설립한 영적 지도자 훈련기관)가 이러한 사명을 감당하는 장소 중에 하나가 되기를 원한다.

그래서 그곳에서 사람들을 모으고 훈련시키는 장소가 되기를 소망한다. 우리는 모닝스타가 이러한 영적전사를 훈련시키는 특별한 장소가 되기를 원한다.

우리의 모닝스타 목회자 훈련학교는 영적전사를 훈련시키고 파송시키는 일을 담당하고 있다. 우리는 이런 영적전사를 키우는 특별한 장소를 계속적으로 만들기를 원한다. 왜냐하면 우리는 이것이 하나님이 우리에게 주신 소명 중에 하나라고 분명히 믿기 때문이다. 어떻든지 간에, 우리는 이러한 영적전사들이 우리와 함께 있음이 하나님께 큰 영광이요, 우리에게 큰 기쁨이 됨을 알고 있다. 그리고 우리의 사역이 그들로 인하여 더욱 풍성해지고 있다. 즉 우리가 그들을 위하여 무엇인가를 할 수 있다는 마음이 우리에게 더욱 영적 자극과 도전을 주고 있다.

당신은 이 프로그램에 응시할 수 있는가? 아니다. 당신에게 선택권이 있는 것이 아니라 우리가 선택한다. 이 프로그램은 모두에게 열려있는 것이 아니고 단지 우리가 느끼기에 그들에게 이러한 하나님의 소명이 있다고 판단되는 사람만 초청한다. 우리가 그들에게 이러한 소명이 있는가 판단하는 것은 어렵지 않다. 왜냐하면 그들은 보통 사람들과는 다르기 때문이다. 다른 사람들이 영적으로 서서히 성장하고 있는 동안 이러한 사람들은 영적으로 매우 빠른 속도로 성장하고 있기 때문이다. 다른 사람들은 세상의 즐거움에 빠져 좋은 시간을 보내고 있는 동안 이들은 공부하고, 기도하고, 거리로 나가 전도하며 예수님을 전파하고, 악한 영을 쫓아내며, 아픈 자에게 손을 얹어 기도하며 치유를 나타내기 때문이다. 그들에게는 이것이 그들의 좋은 시간이다.

우리의 사역에는 이것 외에도 몇 가지 특징이 있는 것이 더 있다. 그러한 것들에는 기독교 유치원, 창조적 지도자 양성학교 등이 있다. 여기에서는 특히 어린이와 청소년 기독교 교육에 집중을 하고 있다. 나는 모닝스타에서 어린이 청소년 교육을 강조하며 어린이들이 장차 이 영적전사의 역할을 감당할 수 있도록 좀 더 깊이 있게 교육을 할 수 있도록 최선을 다한다. 물론 우리의 주변에는 대부분의 어린이들이 갈 수 있는 기독교 사립학교가 많이 있다. 나는 우리의 자녀들중 어떤 자녀들은 그러한 학교에 가기를 권유한다. 왜냐하면 모든 어린이들이 하나님의 이 사역에 부름을 받은 것은 아니기 때문이다. 내가 이러한 결론을 내리기는 쉽지 않다. 다른 많은 부모들도 마찬가지이며 심지어 선생님들도 이러한 판단을 내리기는 쉽지 않을 것이다. 나는 솔직히 내가 모든 것을 다 이해한다고 생각하지 않는다. 우리에게 이 모든 것은 마지막 날에 하나님이 예수님을 통하여 모든 것을 계시하실 때 까지 거울로 보듯이 희미하게 보일 것이다.

나는 우리의 전체 사역을 이 특수 상황에 적응시키기 위하여 바꾸어 놓지는 않는다. 그러나 우리가 그 사역을 적극적으로 돕기 위해 해야만 할 특별한 일이 있다고 생각한다. 물론 이런 일들이 모두에게 환영을 받지는 못할 것이다. 그러나 이일이 분명 모두에게 큰 이익으로 되돌아 갈 것이다. 그리고 우리가 이 사역을 잘못 이해하고 그 사역을 돕는 일을 회피하거나 방해하게 되면, 교회가 마지막 시대를 예비하는 사역에 걸림돌이 되는 과오를 범하게 될 것이다.

완벽한 교회는 하나님께서 직접 그곳에서 사역하심을 통하여 완벽하게 만들어 질 것이다. 하나님은 수 많은 대중을 모아서 그의 사역을 펼치기도 하시지만, 좀 더 많은 관심을 쏟고 있는 소그룹에서도 크신 일을 하신다. 하나님은 매우 작은 소그룹에서 중요한 것들을 나누셨다. 이것이 바로 내가 왜 하나님이 모세로 하여금 장막을 3가지로 분리하라고 하셨는지를 깨닫게 되는 동기가 되었다.

만약 우리의 사역이 단지 소그룹 엘리트만 육성하는데 집중하고 대중들에게 하는 사역을 하지 아니하면, 우리의 사역은 중심을 잃고 통일성을 상실한 채 독선적으로 빠질 것이다. 또 만약 우리가 단지 대중사역에만 집중하고 소그룹 사역을 통하여 사람들을 더 깊고 더 높은 단계에 오르는 것을 등한시 하면, 우리의 사역은 얕은 개울만 만드는 것 같고 미지근하고 만족하지 못한 사역을 할 가능성이 많다.

모세의 성막에서 성막 뜰은 성막가운데 가장 넓은 장소를 차지한다. 그리고 거기에는 많은 사람들이 머물러 있다. 나는 우리의 대부분의 사역들은 사람들이 많이 모여 있는 이 성막 뜰에서 이루어진다고 생각한다. 그러나 그중의 어떤 사람은 하나님의 특별한 부름을 받아 성소로 들어간다. 이것을 우리는 소명이라고 부른다.

그리고 그렇게 선별되어서 성소로 들어가는 사람은 하나님의 거룩한 장소에 들어가 제사들 드리는 것이 무엇인지를 분명히 알아야 하고 그것은 성막 뜰에서 주님을 준비하고 경배하는 것과는 큰 차이가 있음을 알아야 한다. 성소에 들어가는 사람이 성막 뜰에서 몸과 마음을 온전하게 정결케 하지 않으면 그가 지성소에 들어갈 때 죽게 될 것이다. 지성소로 들어가는 길은 모두에게 열려 있지만 정결되지 않은 자의 들어감은 곧 죽음을 의미한다. 그러므로 성소에 들어가기 전에 물구덩이에서 손을 정결하게 씻고 거룩한 지성소에 들어가야 한다. 한 가지 분명히 알아야 할 것은 그 거룩한 지성소에는 세상적인 불이 없다는 것이다. 우리가 지성소에서 볼 수 있는 불은 성령의 기름부음으로 제단에 켜지는 하나님의 임재의 불이다. 우리가 조그만 그리고 마지막 방인 지성소에 들어 갈 때 우리가 볼 수 있는 불은 하나님의 영광의 임재를 나타내는 임재의 불 뿐이다.

우리가 하나님의 기름부음이 충만하고 하나님의 영광이 가득 찬 사역의 한가운데 서기 위하여는 우리가 할 수 있는 많은 것들을 뒤로 미루고 그분의 임재를 사모해야 한다. 많은 사람들은 그 분의 임재가 가까워지면 죽게 되거나 영이 떠나 버린다. 그렇지만 우리는 하나님의 분명한 임재 앞에서 당당히 서서 우리의 사역을 신실히 담당할 수 있는 방법을 배워야 한다. 영적으로 성숙한 사람은 하나님의 거룩한 임재가 임할 때 쓰러지지 않는 법을 배웠다. 우리는 악한 영 앞에 담대히 서서 대적하는 능력을 갖추는 것도 중요하지만 하나님의 임재 앞에 담대히 설 수 있는 것도 매우 중요하다. 주님은 예레미야에게 물었던 아주 중요한 질문을 지금 우리에게도 하고 계신다.

> 누가 여호와의 회의에 참여하여 그 말을 알아들었으며 누가 귀를 기울여 그 말을 들었느뇨 보라 나 여호와의 노가 발하여 폭풍과 회리바람처럼 악인의 머리를 칠 것이라 나 여호와의 노는 내 마음의 뜻하는 바를 행하여 이루기까지는 쉬지 아니하나니 너희가 말일에 그것을 완전히 깨달으리라 이 선지자들은 내가 보내지 아니하였어도 달음질하며 내가 그들에게 이르지 아니하였어도 예언하였은 즉 그들이 만일 나의 회의에 참예하였더면 내 백성에게 내 말을 들려서 그들로 악한 길과 악한 행위에서 돌이키게 하였으리라 (렘 23:18-22)

순전한 나드 도서안내   02-574-6702

No.	도서명	저자	정가
1	강력한 능력전도의 비결	체 안	11,000
2	광야에서의 승리(개정판)	존 비비어	10,000
3	교회, 그 연합의 비밀	프랜시스 프랜지팬	10,000
4	교회를 뒤흔드는 악령을 대적하라	프랜시스 프랜지팬	5,000
5	교회를 어지럽히는 힘담의 악령을 추방하라	프랜시스 프랜지팬	5,000
6	그리스도인의 삶의 비결	진 에드워드	8,000
7	기름부으심	스미스 위글스워스	8,000
8	꿈을 통해 말씀하시는 하나님	헤피만 리플	10,000
9	존 비비어의 친밀감(날마다 하나님께로 더 가까이 개정)	존 비비어	13,000
10	내 백성을 자유케 하라	허철	10,000
11	내게 신선한 기름을 부으셨나이다	허철	9,000
12	내어드림	페늘롱	7,000
13	다가온 예언의 혁명	짐 골	13,000
14	다가올 전환	래리 랜돌프	9,000
15	당신도 예언할 수 있다	스티브 탐슨	12,000
16	당신은 예수님의 재림에 준비가 되어 있습니까?	메릴린 히키	13,000
17	당신은 치유받기 원하는가	체 안	8,000
18	당신의 기도에 영적 권위가 있습니까?	바바라 윈트로블	9,000
19	더 넓게 더 깊게	메릴린 앤드레스	13,000
20	동성애 치유될 수 있는가?	프랜시스 맥너트	7,000
21	두려움을 조장하는 악령을 물리치라	드니스 프랜지팬	5,000
22	마지막 시대에 악을 정복하는 법(개정판)	릭 조이너	9,000
23	마켓플레이스 크리스천(개정판)	로버트 프레이저	9,000
24	존 비비어의 축복의 통로(무시되어 온 축복의 통로 개정)	존 비비어	6,000
25	믿음으로 질병을 치유하라(개정판)	T.L. 오스본	20,000
26	부서트리고 무너트리는 기름 부으심	바바라 J. 요더	8,000
27	부자 하나님의 부자 자녀들	T.D 제이크	8,000
28	사도적 사역	릭 조이너	12,000
29	사랑하는 자가 병들었나이다	허 철	8,000
30	사사기	잔느 귀용	7,000
31	사업을 위한 기름 부으심(개정판)	에드 실보소	10,000
32	상한 마음을 치유하는 기도	마크 버클러	15,000
33	상한 영의 치유1	존 & 폴라 샌드포드	17,000
34	상한 영의 치유2	존 & 폴라 샌드포드	13,000
35	성령님을 아는 놀라운 지식	허 철	10,000
36	세계를 변화시키는 능력	릭 조이너	10,000
37	속사람의 변화 1	존 & 폴라 샌드포드	11,000
38	속사람의 변화 2	존 & 폴라 샌드포드	13,000
39	신부의 중보기도	게리 윈스	11,000
40	십자가의 왕도	페늘롱	8,000
41	아가서	잔느 귀용	11,000
42	악의 속박으로부터의 자유	릭 조이너	9,000
43	어머니의 소명	리사 허텔	12,000
44	여정의 시작	릭 조이너	13,000
45	영광스러운 교회에 보내는 메시지 1	릭 조이너	10,000
46	영광스러운 교회에 보내는 메시지 2	릭 조이너	10,000
47	영분별	프랜시스 프랜지팬	3,500
48	영으로 대화하시는 하나님	래리 랜돌프	8,000
49	영적 전투의 세 영역(개정판)	프랜시스 프랜지팬	11,000
50	예레미야	잔느 귀용	6,000
51	예수 그리스도와의 친밀함	잔느 귀용	7,000
52	예수님 마음찾기	페늘롱	8,000
53	예수님을 닮은 삶의 능력	프랜시스 프랜지팬	9,000
54	예수님을 향한 열정(개정판)	마이크 비클	12,000
55	요한계시록	잔느 귀용	11,000
56	인간의 7가지 갈망하는 마음	마이크 비클	11,000
57	저주에서 축복으로	데릭 프린스	6,000

PURE NARD BOOKS

No.	도서명	저자	정가
58	주님! 내 눈을 열어주소서	게리 오츠	8,000
59	주님, 내 마음을 열어주소서	캐티 오츠/로버트 폴 램	9,000
60	지구상에서 가장 강력한 기도	피터 호로빈	7,500
61	지금은 싸워야 할 때	프랜시스 프랜지팬	8,000
62	천국경제의 열쇠	샨 볼츠	8,000
63	천국방문(개정판)	애나 로운튤리	11,000
64	축사사역과 내적치유의 이해 가이드	존 & 마크 샌드포드	18,000
65	출애굽기	잔느 귀용	10,000
66	하나님과 동행하는 사람들〈개정판〉	샨 볼츠	9,000
67	하나님과 사람에게 더욱 사랑스러운 자	듀안 벤더 클럭	10,000
68	하나님과의 연합	잔느 귀용	7,000
69	하나님으로부터 오는 능력	찰스 피니	9,000
70	하나님을 연인으로 사랑하는 즐거움	마이크 비클	13,000
71	하나님의 마음에 합한 사람	마이크 비클	13,000
72	하나님의 심정 묵상집	페늘롱	8,500
73	하나님의 아름다움을 바라보는 축복	허 철	10,000
74	하나님의 요새(개정판)	프랜시스 프랜지팬	8,000
75	하나님의 음성을 듣는 방법(개정판)	마크 & 패티 버클러	15,000
76	하나님의 장군의 일기(개정판)	잔 G. 레이크	6,000
77	항상 배가하는 믿음	스미스 위글스워스	10,000
78	항상 부족함이 없으리로다	하이디 베이커	8,000
79	혼동으로부터의 자유	릭 조이너	5,000
80	혼의 묶임을 파쇄하라	빌 & 수 뱅크스	10,000
81	존 비비어의 회개(화 있을진저 외식하는 서기관과 바리새인들 개정)	존 비비어	8,000
82	횃불과 검	릭 조이너	8,000
83	21C 어린이 사역의 재정립	베키 피셔	13,000
84	금식이 주는 축복	마이크 비클&다나 캔들러	12,000
85	승리하는 삶	릭 조이너	12,000
86	부활	벤 R. 피터스	8,000
87	거절의 상처를 치유하시는 하나님	데릭 프린스	6,000
88	그리스도의 제사장적 신부	애나 로운튤리	13,000
89	마귀의 출입구를 차단하라	존 비비어	13,000
90	통제 불능의 상황에서도 난 즐겁기만 하다	리사 비비어	12,000
91	어린이와 십대를 위한 축사사역	빌 뱅크스	11,000
92	알려지지 않은 신약성경 교회 이야기	프랭크 바이올라	12,000
93	빛은 어둠 속에 있다	패트리샤 킹	10,000
94	가족을 위한 영적 능력	베벌리 라헤이	12,000
95	목적으로 나아가는 길	드보라 조이너 존슨	8,000
96	컴 투 파파	게리 윈스	13,000
97	러쉬 아워	슈프레자 싯홀	9,000
98	그리스도 안에 거하는 삶	앤드류 머레이	10,000
99	지도자의 넘어짐과 회복	웨이드 굿데일	12,000
100	하나님의 일곱 영	키이스 밀러	13,000
101	너희 지체를 의의 병기로 하나님께 드리라	허 철	8,000
102	신부	론다 캘혼	15,000
103	추수의 비전	릭 조이너	8,000
104	하나님이 이 땅 위를 걸으셨을 때	릭 조이너	9,000
105	하나님의 집	프랜시스 프랜지팬	11,000
106	도시를 변화시키는 전략적 중보기도	밥 하트리	8,000
107	왕의 자녀의 초자연적인 삶	빌 존슨 & 크리스 밸러턴	13,000
108	초자연적 능력의 회전하는 그림자	줄리아 로렌 & 빌 존슨 & 마헤쉬 차브다	13,000
109	언약기도의 능력	프랜시스 프랜지팬	8,000
110	꿈의 언어	짐 골 & 미셸 앤 골	13,000
111	믿음으로 산 증인들	허 철	12,000
112	욥기	잔느 귀용	13,000
113	포로들을 해방시키라	앨리스 스미스	13,000
114	나라를 변화시킨 비전: 윌리엄 테넌트의 영적인 유산	존 한센	8,000

No.	도서명	저자	정가
115	세상을 다스리는 권세의 회복	레베카 그린우드	10,000
116	예언적 계약, 잇사갈의 명령	오비 팍스 해리	13,000
117	창세기 주석	잔느 귀용	12,000
118	하나님의 강	더치 쉬츠	13,000
119	당신의 운명을 장악하라	알렌 키란	13,000
120	용서를 선택하기	존 로렌 & 폴라 샌드포드 & 리 바우먼	11,000
121	자살	로렌 타운젠드	10,000
122	레위기/민수기/신명기 주석	잔느 귀용	12,000
123	그리스도인의 영적혁명	패트리샤 킹	11,000
124	초자연적 중보기도	레이첼 힉스	13,000
125	꿈과 환상들	조 이보지	12,000
126	나는 하나님의 음성을 듣는다	킴 클레멘트	11,000
127	엘리야의 임무	존 & 폴라 샌드포드	13,000
128	하나님의 초자연적인 능력	바비 코너	11,000
129	거룩과 진리와 하나님의 임재	프랜시스 프랜지팬	9,000
130	사랑하는 하나님	마이크 비클	15,000
131	천사와의 만남	짐 골 & 미쉘 앤 골	12,000
132	과거로부터의 자유	존 & 폴라 샌드포드	13,000
133	일곱 교회 이기는 자에게 주시는 축복	허 철	9,000
134	은밀한 처소	데일 파이프	13,000
135	일곱 산에 관한 예언〈개정판〉	조니 앤로우	13,000
136	일터에 영광이 회복되다	리처드 플레밍	12,000
137	악의 삼겹줄을 파쇄하라	샌디 프리드	11,000
138	초자연적 경험의 신비	짐 골 & 줄리아 로렌	13,000
139	웃겨야 살아난다	피터 와그너	8,000
140	폭풍의 전사	마헤쉬 & 보니 차브다	13,000
141	천국 보좌로부터 온 전략	샌디 프리드	11,000
142	영향력	윌리엄 L. 포드 3세	11,000
143	속죄	데릭 프린스	13,000
144	신의 성품에 참예하는 자	허 철	8,000
145	예언, 꿈, 그리고 전도	덕 애디슨	13,000
146	아가페, 사랑의 길	밥 멈포드	13,000
147	불타오르는 사랑	스티브 해리슨	12,000
148	그 이상을 갈망하라!	랜디 클락	13,000
149	순결	크리스 밸러턴	11,000
150	능력, 성결, 그리고 전도	랜디 클락	13,000
151	종교의 영	토미 펨라이트	11,000
152	예기치 못한 사랑	스티브 J. 힐	10,000
153	모르드개의 통곡	로버트 스턴스	13,500
154	예언사전	폴라 A. 프라이스	28,000
155	1세기 교회사	릭 조이너	12,000
156	예수님의 얼굴	데이비드 E. 테일러	13,000
157	토기장이 하나님	마크 핸비	8,000
158	존중의 문화	대니 실크	12,000
159	제발 좀 성장하래!	데이비드 레이븐힐	11,000
160	정치의 영	파이살 말릭	12,000
161	이기는 자의 기름 부으심	바바라 J. 요더	12,000
162	치유 사역 훈련 지침서	랜디 클락	12,000
163	헤븐	데이비드 E. 테일러	13,000
164	더 크라이	키스 허드슨	11,000
165	천국 여행	리타 베넷	14,000
166	파수 기도의 숨은 능력	마헤쉬 & 보니 차브다	13,000
167	지저스 컬처	배닝 립스처	12,000
168	넘치는 기름 부음	허 철	10,000
169	거룩한 대면	그래함 쿡	23,000
170	선지자 학교	조나단 웰튼	12,000
171	믿음을 넘어선 기적	데이브 헤스	10,000

PURE NARD BOOKS

No.	도서명	저자	정가
172	꿈 상징 사전	조 이보지	8,000
173	삶을 변화시키는 성령의 권능	스티븐 브룩스	11,000
174	거룩한 기름 부으심	스티븐 브룩스	10,000
175	잔 G. 레이크의 치유	잔 G. 레이크	13,000
176	영적 전쟁의 일곱 영	제임스 A. 더함	13,000
177	영적 전쟁의 승리	제임스 A. 더함	13,000
178	기적의 방을 만들라	마헤쉬 & 보니 차브다	12,000
179	개인적 예언자	미키 로빈슨	13,000
180	어둠의 영을 축사하라	짐 골	13,000
181	보좌를 향하여	폴 빌하이머	10,000
182	적그리스도의 영을 정복하라	샌디 프리드	13,000
183	성령님 알기	마헤쉬 & 보니 차브다	12,000

모닝스타 코리아 저널 morningstar

No.	도서명	저자	정가
1	모닝스타저널 제1호	릭 조이너 외	7,000
2	모닝스타저널 제2호	릭 조이너 외	7,000
3	모닝스타저널 제3호 승전가를 울릴 지도자들	릭 조이너 외	7,000
4	모닝스타저널 제4호 하나님의 능력	릭 조이너 외	7,000
5	모닝스타저널 제5호 믿음과 하나님의 영광	릭 조이너 외	7,000
6	모닝스타저널 제6호 성숙에 이르는 길	릭 조이너 외	7,000
7	모닝스타저널 제7호 마지막 때를 위한 나침반	릭 조이너 외	7,000
8	모닝스타저널 제8호 회오리 바람	릭 조이너 외	8,000
9	모닝스타저널 제9호 하늘 위의 선물	릭 조이너 외	8,000
10	모닝스타저널 제10호 천상의 언어	릭 조이너 외	8,000
11	모닝스타저널 제11호 신의 성품에 참예하는 자	릭 조이너 외	8,000
12	모닝스타저널 제12호 언약의 사람들	릭 조이너 외	8,000
13	모닝스타저널 제13호 열린 하나님의 나라	릭 조이너 외	8,000
14	모닝스타저널 제14호 하나님 나라의 능력	릭 조이너 외	8,000
15	모닝스타저널 제15호 하나님 나라의 복음	릭 조이너 외	8,000
16	모닝스타저널 제16호 성령 안에서 사는 삶	릭 조이너 외	8,000
17	모닝스타저널 제17호 성령 충만한 사역	릭 조이너 외	8,000
18	모닝스타저널 제18호 초자연적인 세계	릭 조이너 외	8,000
19	모닝스타저널 제19호 하늘을 이 땅으로 이끌어내다	릭 조이너 외	8,000
20	모닝스타저널 제20호 견고한 토대 세우기	릭 조이너 외	8,000
21	모닝스타저널 제21호 부서지는 세상에서 견고히 서기	릭 조이너 외	8,000
22	모닝스타저널 제22호 소집령	릭 조이너 외	8,000
23	모닝스타저널 제23호 성도들을 구비시키라	릭 조이너 외	8,000
24	모닝스타저널 제24호 자유의 투사들	릭 조이너 외	8,000
25	모닝스타저널 제25호 땅을 차지하기	릭 조이너 외	8,000
26	모닝스타저널 제26호 도래할 시기를 준비하라	릭 조이너 외	8,000
27	모닝스타저널 제27호 하나님을 즐거워하라	릭 조이너 외	8,000
28	모닝스타저널 제28호 하나님을 영화롭게 해야 할 이유	릭 조이너 외	8,000
29	모닝스타저널 제29호 만물의 회복	릭 조이너 외	8,000
30	모닝스타저널 제30호 시대를 분별하는 지혜	릭 조이너 외	8,000
31	모닝스타저널 제31호 떠오르는 아들의 땅	릭 조이너 외	8,000
32	모닝스타저널 제32호 가장 위대한 다음 세대	릭 조이너 외	8,000

*※모닝스타 코리아 저널은 한정판으로 출간되기 때문에 품절될 경우 구매하실 수가 없습니다. 그러므로 품절 여부를 확인하신 후 구매하시기 바랍니다.